人生也需要不断改革

徐先玲　周雨竹　编著

中国商业出版社

图书在版编目（CIP）数据

人生也需要不断改革 / 徐先玲，周雨竹编著 .—北京：中国商业出版社，2017.10
ISBN 978-7-5208-0055-6

Ⅰ.①人… Ⅱ.①徐… ②周… Ⅲ.①人生哲学—通俗读物 Ⅳ.① B821-49

中国版本图书馆 CIP 数据核字 (2017) 第 231642 号

责任编辑：唐伟荣

中国商业出版社出版发行
010-63180647　　www.c-cbook.com
（100053　北京广安门内报国寺 1 号）
新华书店经销
三河市同力彩印有限公司印刷
*
710×1000 毫米　16 开　12 印张　195 千字
2018 年 1 月第 1 版　2018 年 1 月第 1 次印刷
定价：35.00 元
* * * *
（如有印装质量问题可更换）

第一章 人生从正确认识自己开始……1

1. 认识自己从相信自己开始 …………………… 2
2. 认识自己很重要 ……………………………… 4
3. 认识自己就是对自己负责 …………………… 5
4. 进行自我评价的方法 ………………………… 7
5. 接受真实的自己 ……………………………… 8
6. 如何认识自己 ………………………………… 11
7. 了解自己对自己的感觉 ……………………… 12
8. 知道自己想要什么 …………………………… 15

第二章 立志…………………………… 17

1. 志向高远才能收获成功人生 ………………… 18
2. 人最怕的是没有志向 ………………………… 20
3. 成大事既在才能也在志向 …………………… 22
4. 有志者立长志 ………………………………… 23
5. 根据个人实际情况来立志 …………………… 26
6. 让自己的志向不可阻挡 ……………………… 28
7. 全力以赴是实现志向的关键 ………………… 31

第三章 经营自己的优势…………… 35

1. 优势就是力量 ………………………………… 36
2. 别想教会猪唱歌 ……………………………… 40
3. 人摆错了位置就是庸才 ……………………… 42
4. 找到自己最擅长的事 ………………………… 44

5. 关键在于运用自己的优势 …………………………… 46
6. 发挥你的优点而不是克服你的缺点 ………………… 48
7. 明确自己的优势所在 ………………………………… 52

第四章　管理自己的人生目标……………………… 55

1. 没有目标就没有希望 ………………………………… 56
2. 明确的目标指引前进的方向 ………………………… 57
3. 用崇高的目标引导生活 ……………………………… 60
4. 如何确定人生的奋斗目标 …………………………… 61
5. 关于确定目标的四件大事 …………………………… 65
6. 如何制定成功的目标 ………………………………… 66
7. 如何确定生活目标 …………………………………… 67

第五章　成功人生需要计划………………………… 69

1. 计划是行动之父 ……………………………………… 70
2. 如何制订切实可行的计划 …………………………… 72
3. 制订长期计划的技巧 ………………………………… 74
4. 制订中期计划的技巧 ………………………………… 75
5. 制订短期计划的技巧 ………………………………… 76
6. 制订具体计划的技巧 ………………………………… 77
7. 如何成功运行计划方案 ……………………………… 78
8. 及时修正自己的计划 ………………………………… 79

第六章　成功的人生靠积极的行动……………… 81

1. "等"不来收获 ……………………………………… 82
2. 关键是要落实在行动上 ……………………………… 85

3. 莫要沉湎于空想中 …………………………………… 88
　　4. 行动离不开毅力和勇气 ……………………………… 91
　　5. 今天就是行动的那一天 ……………………………… 93
　　6. "立即行动"是一种好的习惯 ………………………… 94
　　7. 行动之前先想仔细 …………………………………… 96

第七章　打造信誉的品牌……………………………… 99

　　1. 诚信是天下第一品牌 ………………………………… 100
　　2. 信用是成功人生的特别通行证 ……………………… 107
　　3. 只有守信的人才能成大事 …………………………… 110
　　4. 诚实守信是做人的基本品性 ………………………… 113
　　5. 忠诚如一是最无价的 ………………………………… 116
　　6. 亮出自己的"信用卡" ………………………………… 118
　　7. 真诚待人，真诚做事 ………………………………… 123
　　8. 靠诚信塑造个人魅力 ………………………………… 129

第八章　把握住人生的机遇……………………………… 131

　　1. 机遇是成功的关键 …………………………………… 132
　　2. 生活并不缺少机遇 …………………………………… 134
　　3. 机遇只偏爱有准备的头脑 …………………………… 136
　　4. 机会可贵，自信也不可少 …………………………… 138
　　5. 机会靠努力获得 ……………………………………… 140
　　6. 善于利用偶然性的机遇 ……………………………… 144
　　7. 如何能获得幸运女神的垂青 ………………………… 145
　　8. 在噩梦中寻找机会 …………………………………… 146

第九章　学会选择 …… 149

1. 什么样的选择决定什么样的生活 …… 150
2. 选择不对，努力白费 …… 152
3. 勇敢地选择最重要 …… 154
4. 选择小事成就大业 …… 155
5. 正确选择在于懂得放弃 …… 156
6. 做选择前先给自己一些自信 …… 158
7. 选择须有主见 …… 163
8. 让选择符合自身情况 …… 167

第十章　及时审视自己 …… 169

1. 不知反省的人只会成为失败者 …… 170
2. 用反省的镜子照照自己 …… 171
3. 反省什么，怎样反省 …… 172
4. 别在批评与责备中放弃自省 …… 175
5. 利用伟人的力量在反省中不断完善自己 …… 177
6. 从错误中学习 …… 178
7. 把挫折看做一次经验的积累 …… 181
8. 找出失败的原因并引以为戒 …… 183

第一章
人生从正确认识自己开始

1. 认识自己从相信自己开始

古希腊哲学家苏格拉底说："认识你自己。"罗马皇帝、哲学家奥里欧斯说："做好你自己。"莎士比亚也说："做真实的你。"我们相信这些名言将永垂不朽。在无数的人生课题中，最难回答的问题是"我究竟是谁"。一个人如果能意识到自己是什么样的人，那么，他很快就会知道自己应该成为什么样的人。在思想上意识到了自己的重要，很快，在现实生活中也会觉得自己很重要。

伟人拥有认识自己的能力，例如英国诗人华兹华斯认为自己在历史上一定会有地位，他也确信自己将来会拥有名声。恺撒也充分认识到自己的力量，有一次乘船在海上航行时遭遇暴风雨，船员非常担心，恺撒说："担心什么？你是和恺撒在一起。你应该认识到这一点。"

命运似乎为我们每一个人在社会等级上安排好了位置，在到达这个位置之前，它总要让我们能够正确地认识自己，找到自己通往这个位置的最佳路线。正是由于这个原因，那些雄心勃勃的人总是以认识自己为基础，这是他们继续向前的动力。一个人能够认识自己，预示着他将来大有作为。

一个人认识自己是从相信自己开始的。对一个人来说，重要的是他认识并相信自己的能力，如果做到这一点，那么他很快就会拥有巨大的力量。

英国历史学家曾说："一棵树如果要结出果实，必须先在土壤里扎下根。同样，一个人也需要学会认识自己，学会依靠自己，学会尊重自己，不接受他人的施舍，不等待命运的馈赠。只有在这样的基础上，才可能做出成就。"

每个人都应该培养认识自己的能力，使自己超越局限，从而尽可能按照计划到达成功的目标。

下面这个例子能充分告诉我们认识自己能力的重要性。

在美国加州大学的一次法庭辩论上，作为辩护律师的库兰说："我研究过我

第一章
人生从正确认识自己开始

收藏的所有法学著作，都找不到一个这样的案例——在对方律师反对的情况下，还可以预先确定某项条件，这样的事情从来没有发生过。"

"先生，你还不能认识到自己的能力。"主审的罗宾逊法官打断了他的话。这位法官是因为写过几本小册子才得到现在的职位的，但那些书写得非常糟糕，粗俗不堪。他接着说："我怀疑你的图书馆藏书量不够，你对自己认识有限。"

"确实，先生，我并不富裕，但我比任何一个人都认识自己。"年轻的律师库兰十分镇定，他直视着法官的眼睛，"这限制了我购书的数量。我的书不多，但都是精心挑选，而且是仔细阅读过的。我阅读了少数精品著作，而不是去写一大堆毫无价值的作品，然后才进入这一崇高的职业领域。我并不以我的贫穷为耻，相反，如果我的财富是因为我卑躬屈膝，或是用不正当手段获得的，那我会真正感到羞愧。我或许不能拥有显赫的地位，但我至少保持了人格上的正直诚实。倘若我放弃正直诚实去追求地位，眼前就有很多的例子告诉我，这么做或许会让我得到所需要的东西，但在人们的眼里，我却只会显得更加渺小。因此，我非常认识自己，非常清楚自己是一个什么样的人。"

从此以后，罗宾逊再也不敢嘲笑这位年轻的律师了。他赞叹道："这是一个能够认识自己的天才！"

美国哈佛大学著名行为策划学家皮鲁克斯在《认识自己与自信塑造》一文中写道："认识自己，依靠自己，相信自己，这是独立个性的一种重要成分，所有的伟大人物，所有那些在世界历史上留下名声的伟人，都因为这个共同的特征而同属于一个家族。这个家族就是正确认识、依靠、相信自己的观念世界。一句话，认识自己的人必须要有自信与自尊，才能够让我们感觉到自己的能力；其作用是其他任何东西都无法替代的。而那些软弱无力、犹豫不决、凡事总是指望别人的人，正如莎士比亚所说，他们体会不到也永远不能体会到，自立者身上焕发出的那种荣光，因为认识自己的目的就是自信和自立。"

人生 也需要不断改革

不管怎样，认识你自己是能否自信、自立的前提，是你活着的第一个人生课题。许多人之所以不能正确地认识自己，关键是不理解这个问题。

知识链接

苏格拉底

苏格拉底（公元前469—公元前399），古希腊著名的思想家、哲学家、教育家、公民陪审员。他和他的学生柏拉图，以及柏拉图的学生亚里士多德并称为"古希腊三贤"，被后人广泛地认为是西方哲学的奠基者。

代表作品：《克堤拉斯篇》《泰阿泰德篇》《智士篇》《政治家篇》。

2. 认识自己很重要

认识你自己，就好像多了一双睿智的眼睛，时时给自己添一点远见、一点清醒、一点对现实更为透彻的体察与认知。借这份认知可以少干很多日后追悔莫及的事情。经常把"自己"放在嘴里嚼一嚼，并不比捶胸顿足多费力气。

然而，一个人要想认识自己，又谈何容易？一辈子不认识自己而做出了可悲之事的人大有人在。在今天，还有一部分青年正是由于不认识自己，不充分理解今天这个社会中的情况，而受不得一点点挫折、打击，悲观、失望、苦恼、抱怨、彷徨，终日在唉声叹气、无所事事中把时光轻易地放走。

认识自己，是非常困难的。但对自己有一个正确的认识，是成功人生的一个最起码要求。

对于有些人来说，自己是什么样的人，只有自己不知道。由于难得有一个真实的参照系来评估自己，所以，我们往往能够很自信地干傻事。

请你先好好地认识自己吧！你也许可能解不出那样多的数学难题，或记不住如此多的外文单词，但你在处理事务方面却有着自己的专长，能知人善任、排难解忧，有高超的组织能力；也许你的理化差一些，但写小说、诗歌却是能手；也许你连一张椅子都画不好，但你却有一副动人的好嗓子……所以做人，先认识自己，认识自己的长处，如果能扬长避短，认准目标，抓紧时间把一件工作或一门学问刻苦认真地做下去，自然会结出令自己欣慰的丰硕成果。

古人早就说过"与其临渊羡鱼，不如退而结网"。只有在你认识了自己之后，你才能自信起来、坚定起来，成为有韧性有战斗力的强者。

认识你自己，充实你自己，这样你就不会哀叹：世界之大，竟找不到自己的立足之点。

知识链接

临渊羡鱼，不如退而结网

语出《淮南子·说林训》，原文是："临河而羡鱼，不如归家织网。"意思是站在水边想得到鱼，不如先回家去结网。比喻只有愿望而没有行动，对自己毫无益处。或者比喻只希望得到而不将希望付诸行动。

《汉书·董仲舒传》中说："故汉得天下以来，常欲治而至今不可善治者，失之于当更化而不更化也。古人有言曰：'临渊羡鱼，不如退而结网。'"

3. 认识自己就是对自己负责

从根本上讲，认识自己就是了解自己，对自己负责。抽象一点说，就是对"自我心像"有一个全面透彻的了解和掌握，从而避免人生的盲目。因此，认识自己就是为了克服人生的盲目。

美国哈佛大学著名成功学家皮鲁克斯说："在人的表面之下，还有一个自我

人生 也需要不断改革

心像存在。这个抽象的自我心像，是你心灵的真面目，规划着你的生活。它与你的心灵连为一体，使你无法逃离。不管你是否了解，这对双胞胎始终控制了你的生命，你的一切作为都得听从它的命令。自我心像就是我们内心的陌生人。它是心灵的跳动，内心的时钟，能否剔除快乐或哀伤的时光，全看自己是否了解它。假如你想利用往日成功的优点，你必须将信心、勇气和自信运用于目前的工作，这样才能改变或增进你的自我心像，内心的陌生人才会变成你最好的朋友，并且鼓励你迈向尊贵与充实之路。"

"自我心像"是你认识自己的起点之一。记住最重要的一点，这个陌生人并不控制你，而是由你控制"他"。能够使"他"具有创造力，你就能从有限的生命中，获得更充实的生命。就像拿破仑说的一样："除了自己，没有人能够伤害我。"

林肯任总统时，他的顾问想要推荐一位内阁人员。林肯不同意，当他追问原因时，林肯说："我不喜欢这个人的面孔。"顾问对他说："但是这个可怜的家伙是不必为他的面孔负责的。"林肯答道："每个人年过四十之后，就该为他的面孔负责。这个人面孔上透露出不负责的样子，所以他缺乏认识自己、对自己负责的精神。"于是事情只好作罢。

你对自己负责吗？

分析专家认为：林肯的意思是说，每个人都应该认识自己，例如四十年的岁月应该在人的面孔上铭刻下许多痕迹——快乐、忧愁、悲痛，或因寂寞与失望而生的感受，以及解决问题之决心。由于种种情绪上和精神上的起伏，人们得以变得更明智、更温和、更富同情心。他们能了解自己和他人的需要。他们能表达仁

慈与同情，愿意消除怨恨、仇恨、固执，能够对抗无常与孤独。在这种情况下，找到了伟大的自我，脸上留下皱纹又有什么关系？况且皱纹并不长在心灵的面孔上。

莎士比亚曾说："对自己绝对要真实，如此你就可以永远对自己负责，并认识自己。"不管怎样，我们认为，一个人了解自己、对自己负责是认识自己不可或缺的内容。假如你缺乏对自己的真实了解，那么就不可能真正认识自己。

知识链接

莎士比亚

威廉·莎士比亚（1564—1616），英国文学史上最杰出的戏剧家，欧洲文艺复兴时期最重要、最伟大的作家，全世界最卓越的文学家之一。

莎士比亚在埃文河畔斯特拉特福出生，他不仅是演员、剧作家，还是宫内大臣剧团的合伙人之一。他的早期剧本主要是喜剧和历史剧，1608年后他主要创作悲剧，包括《奥赛罗》《哈姆雷特》《李尔王》和《麦克白》等作品。莎士比亚流传下来的作品包括39部戏剧、154首十四行诗、两首长叙事诗。他的戏剧有各种语言的译本。

4. 进行自我评价的方法

自我评价是心理学中的一个术语，是指人对自身条件、素质、才能等各方面情况的一种判断。自我评价得恰当与否，直接关系到个人的职业选择、事业的成功。

正确地进行自我评价一般可通过两种方法，一种是直接的自我评价，另一种是间接的自我评价。

（1）直接的自我评价

直接的自我评价首先是认识自己的自然条件，包括健康情况、心理状态、情感特点、兴趣倾向、知识水准、专业特长、智力情况、能力特点，以及文字表达能力、动手操作能力、心理承受能力等各方面的情况。其次，是同自己在不同领域的实践中取得的不同成绩相比较，以发现自己的长项，确定奋斗目标。美国华尔街股神沃伦·巴菲特原想成为音乐家，也曾在大学学习音乐专业，但很快他就发现自己的长处不在这里，于是便毅然转到股票投资方面的学习中去了。

（2）间接的自我评价

间接的自我评价是指通过与他人行为的对照、情况的对比，发现自我认识的错误。多数人在自我评价问题上具有两重性：一方面，喜欢幻想，把个人的境遇、发展、前途规划得绚烂多彩；另一方面，又常常低估自己的才智和工作能力，自我评价常常是过谦的，甚至是比较自卑的。而正确的自我评价，是帮助我们确定正确的奋斗方向的前提。在实践中，在与他人的比较中，要突破一定的思维定势，要使思维方法尽可能地全面些、辩证些、灵活些。

人的知识、才能通常是处于离散的、朦胧的状态，需要人们不断地挖掘、探索、发现和开发，从个人的兴趣爱好、思维方式、毅力的恒久性、已有的知识结构、献身精神与果敢魄力等多方面进行全面的考察和测试，才能为作出科学的自我评价提供有益的帮助。

5. 接受真实的自己

每个人都是独立的，一个人接纳另一个人很难，但一个人接纳自己更难。我们时常对自己不满，为自己的缺点懊恼与烦闷，千方百计想掩饰。自己面对自己时，我们常常会陷入惧怕与悔恨中不能自拔。

但是，自己又不像别的物件，不喜欢了就可以随时扔掉；也不像别人一样，

第一章
人生从正确认识自己开始

合得来便相处，合不来便分手，用不着去委曲求全。自己随时都在纠缠着自己，无论你情愿也好，不情愿也罢，满意时，它和你在一起；不满意时，它同样不会离开你。生命的无奈也在于此。

有的人很早就接受了自己，有的人至死都无法接受自己。

谁都想成为一个完美的人，想生活在完美的世界中。我们总期望着自己更漂亮些，更动人些，因为美丽不仅带给我们感官的愉悦，还会让我们本能地自信。

尽管我们知道，相貌和生命一样，都是我们所不能自由选择的，然而，对于自己的不满意，却时刻折磨着我们。丑陋使我们不敢大声讲话，不敢仰起头走路，不敢面对他人的注视，在美丽的人面前，我们更本能地感到自卑。总希望有一天，魔镜会突然出现，告诉你是天下第一美人。

性情也是我们在不知不觉中形成的。虽然我们并不对自己的容貌与性情负完全的责任，但我们却不得不每日面对它。苏格拉底能够认识自己、接受自己，才宣称自知自己无知。我们虽不能像苏格拉底那样，自知自己无知，但接受自己是无知的，却是可以做到的。

接受自己，有多种方式，因为，世界上有照脸的镜子，但没有照心的镜子，也因为，这都是自己的私事，别人干涉不了。

对于自己的优点，我们不去自己挑明，而要千方百计诱导别人说出，虽然只是说的人不同，可这其中的奥妙就很深了。自己说的，那叫自我吹嘘，叫逞能；别人说的，是"客观"，是"实事求是"。聪明的人最善用这一招，临了还会让对方说一句"你真谦虚"。

9

人生 也需要不断改革

对于自己的缺点，我们难以接受，更不愿意被别人指出，尤其是当众指出。领导每次作完报告都要说"欢迎批评指正"之类的话，你可千万不要当真。这意见不能"指"，更不能"正"，只能当做没有，最好本来就没有。

比较聪明的一种方式是：人贵有自知之明。只有自己知道了，自己觉察出问题，神不知鬼不觉地改掉，这才是上上之策。

明智的做法就是"三缄其口"。不要不厌其烦地告诉别人"我还有点自知之明"，那其实是在自欺欺人，一味地想要改变自己，求全求多。内向的人希望自己开朗些，外向的人希望自己深沉些，直率的人希望自己圆滑世故些，圆滑世故的人希望自己简单快乐些，而这些都是没有意义的。

做人要接纳自己，不要掩饰自己，嘴上一套心里一套，浑浑噩噩，得过且过；也不要我行我素，刚愎自用。接纳自己，实质就是理解自己。接受自己的优点，我们便多一分自信；接受自己的缺点，我们便多一点理智。要表现得坦坦荡荡、光明磊落，不做作、不炫耀。

接纳自己需要勇气，也需要毅力。接纳自己，是一个漫长而艰苦的过程，也是一个人长大、成熟的过程。这当然是一个痛苦的经历，因为我们会逐渐发现，自己不是那样完美，也不可能变成理想的自己，接纳自己的优点也接纳自己的缺点，直面自己的优点也许不难，直面自己的缺点则需要坦诚，需要包容。

认识自己的优点和缺点，明白自己想做的不一定就能做，明白自己做的不一定全能做好，我们便会自信、自制、自强，生活便多一些快乐，少一些烦恼。相反，斤斤计较自己的缺点，不原谅自己的失误，则会使我们沮丧、自卑。

现实粉碎着我们的理想，也粉碎着我们对自己的梦。接受真实的自己，客观地对待自己，我们就能善待自己、善待他人。

6. 如何认识自己

曾有人认为，人对自己的认识是一个不断探索的过程。因为每个人的自我都有四部分：公开的自我、盲目的自我、秘密的自我和未知的自我。通过与他人分享秘密的自我，通过他人的反馈减少盲目的自我，人对自己的了解就会更多、更客观。

那么如何认识自己呢？认识自我的渠道主要有三种。

（1）从自己与他人的关系认识自己

与他人交往，是个人获得自我认识的重要来源，他人是反映自我的镜子。从幼年到成年，我们从简单的家庭关系扩展到外面的友爱关系，进入社会又体会到复杂的社会人际关系。聪明而善于思考的人能从这些关系中用心向别人学习，获得足够的经验，然后按照自己的需要去规划自己的前途。但是，在与他人的关系中认识自己也要注意一些问题。

第一，跟别人比较的是我们做事的条件，还是我们做事的结果？比如有些大学生到大学学习，认为自己的家庭条件和经济基础不如别人，开始就把自己置于次等地位，进而影响学习的心态和情绪。其实我们应该比较的是大学毕业后各自所取得的成绩，而非在学校学习时所具备的物质条件。

第二，跟他人比较的标准是可变的还是不可变的？经常有人认为自己不如他人，他们关注的常常只是身材相貌、家庭背景等不能改变的先天条件。对于大多数人来说这些条件是很难改变的，是没有实际比较意义的。

第三，和什么样的人相比较？是与自己条件相类似的人，还是个人心目中的偶像，抑或那些取得巨大成功的社会名人甚至不如自己的人？所以，确立合理的比较对象对自我的认识尤为重要。

（2）从"我"与事的关系认识自我

从"我"与事的关系认识自己，即从做事的经验中了解自己。我们可以通过自己所做过的事，所取得的成果，所犯过的错误看到自己身上的优缺点。对那些聪明又善用智慧的人来说，成功、失败的经验都可以促使他们成功，因为他们了解自己，有坚强的品格特征，又善于学习，因而可以避免重蹈失败的覆辙。而对于某些比较脆弱的人，因为只看到失败反映出的负面因素，而更使其失败，甚至陷入不断失败的恶性循环，这也是常见的现象。因为他们不能从失败中学到教训，改变策略追求成功，而且挫败后形成害怕失败的心理，不敢面对现实去应对困境或挑战，甚至失去许多取得成功的机会。而对于一些自大的人而言，成功反而可能成为失败之源。他们可能因为一时的成功便骄傲自大，以后做事便自不量力，往往遭受更多的失败。

（3）从"我"与自己的关系中认识自我

从"我"与自己的关系中认识自我看似容易，其实做到这一点是非常困难的。我们可以从以下几个角度去试着认识自己。

第一，自己眼中的我。个人眼中观察到的客观的我，包括身体、容貌、性别、年龄、职业、性格、气质、能力等。

第二，别人眼中的我。在与别人交往时，从别人对你的态度、情感、反应而感觉到的我。不同关系的人，不同类型的人对自己的反应和评价是不同的，它是个人从多数人对自己的反应中归纳出的认识。

第三，自己心中的我，也指自己对自己的期待，即理想中的我。

我们可以通过自己眼中的我、别人眼中的我、自己心中的我这三个方面的比较分析来全面认识自己，进而完善自己。

7. 了解自己对自己的感觉

美国19世纪著名的牧师亨利·沃德·比彻尔说："一个人需要思考的，不是自己应该得到什么，而是自己是什么。"

许多知名的企业家、作家、演员和运动员都曾经谈论过，自我形象会如何影

第一章
人生从正确认识自己开始

响他们所要做的每一件事情。甚至有的人说，那是人类所有成就中最重要的单一因素。美国著名的整形外科医生马克斯威尔·莫尔兹博士发现有一些病人在做过整形手术后，会经历重大的人格变化。但是在其他的一些个案里，即使是相当完美的手术结果，病人还是把自己看成是一个丑陋的或是无能的人，外在形象的改变对于真正的问题还是毫无影响。他们内在的自我形象，也就是他们对自己的信念，还是依然未变。于是，莫尔兹博士试着让他们忽略自己的肉体，而去改变对内在自我的态度，这终于使他们其中的一部分人取得了之前从未有过的成功。

你也许会说，我对自己的认识已经很清楚了。是的，透过镜子，你也许可以看到一个平时看不到的自己，却难以直视内心里的那个你。你现在应该问的是：你究竟有多了解你自己？你对自我形象的固有认识对你的成功有帮助吗？

让我们来做个实验。

首先，你需要把能够描述你自己的一切特征或人格特质，以及相信你自己是什么样的人的想法都写出来。请注意：不是你认为别人会如何看你，而是你如何看你自己，把这些以任意的顺序写出来。我们的人格都有多个方向，而每一个方向对于我们的行为和我们的成就，都会有一些影响。如果你想开始得容易一点，就按下面这个技巧去做：首先写出你觉得足以描述你自己的一些词语（如"老实"或"自信"），或多字词语（如"专心致志"或"心胸开阔"）。

接着，要注意，写的时候要用你平时不惯用的那只手，例如，如果你是惯用右手的话，就用你的左手，以此类推。这样做也许会有困难，但是只要你继续做下去，你就会发现，事情变得越来越容易了。只要你在事后能够将每一个字辨认出来，你就不需要为你的字写得歪歪扭扭而操心。现在就开始写出你的清单吧，给自己足够的时间。如果你在做这件事的时候能够保持放松的话，是会有帮助的。当你减少了有意识的左脑干扰之后，更深入的、诚实的洞察就会显现出来。

人大脑的左半边与语言和逻辑有关，而右半边则与直觉和感觉有关。你惯用的那只手和你身体的同一边，都是由你的大脑的另一边来指挥的。例如，你的右手和右半边由左脑来指挥。因此，当你在做上述实验的时候，你的左右脑中比较不惯用或属于潜意识的那一边会在某种程度上被运用出来。这个简单的实验可以下意识带出一些最为真实的洞察，而这些洞察，如果你用自己惯用的那只手来写的话，可能就会写不出来了。只有当它们被你发现了，你才会意识到它们是真实的。你最先所写的一些勉强可以认得出来的字，也许是可以预测的，而且也和你用较常用的手写出来的那些是一致的。但是当你继续写你的清单，并且容许你的潜意识自由发挥的时候，你就会得到更多具有透露性的自我形象的词语了。当有明显的矛盾——即与平时的印象构成巨大冲突的时候，你需要对自己完全诚实，分辨哪一个才是真正反映自我的评价。通常使用惯用的手所写出来的那张清单，看起来会像是为"大众消费"而写的，并不会明确指出更深层的自我信念。例如，

你用惯用的手写出来的"聪明"，在用非惯用的手来写时，就可能变成"圆滑"，甚至是"投机取巧"。

在很多实验的例子中，被试者的亲戚和亲近的朋友会确认说，这个人用非惯用的手所写出来的比较接近事实。

仔细审视你单子上所列的每一个词语，如果你不能够确定你所写下来的某一些词语的确定意义，试着把每一个词都用一个句子来加以表达——不过你要再次用你非惯用的那一只手来写。每一个词语都可以予以扩大，成为一个或更多的特定概念的叙述句。例如，"友好"可能会包括"我喜欢别人来我家做客"这个特定的信念，而"脚踏实地"则可能涵盖"我很会自己动手做东西"……这一些使用非惯用的手写下来并且扩大成为更明显的句子的信念，才是有可能解释你的行为和结果的信念，而不是那些你立刻就可以察觉的信念。

接下来是"自我催眠"，将每一个信念都放在你的心里来加以测试。

首先，先选择一个你认为是正面的信念，然后想象你自己现在正处于这样一个实际发生的状况而且在这个状况里，你的这个信念正在付诸实现。举例来说，如果你很擅长吸引儿童的兴趣，比如讲故事、唱儿歌，你就想象你自己正在这样做，而且正在享受自己做得很好的感觉。这个例子也许正是受到你的清单上"友好的"或"令人喜欢的"这些词语激发而产生出来的。为了让感受更真实，你需要想象一些视觉上的东西——可以是小孩的脸、故事书以及你周围的任何事物。如果你可以感觉自己听到的任何声音，包括你自己讲话、唱歌的声音，或是体验

到任何与你正在做的事情有关的感觉，那么这种真实性就更为强烈了。换句话说，你最好动用起自己的感官，必要时五种都要用到，其中视觉、听觉和感觉是最为重要的。这种感觉很像是自我的催眠，你必须让自己先进入一个放松的状态。

接下来将情景转到一些不会令你觉得喜悦的事情上，也就是那些负面的自我信念。举例来说，你的同事正在热烈讨论着什么，但你却插不上嘴，你不喜欢看到自己正在这么做或处于这样的状态。这也许就是"拘束的""害羞的""难以交流的"这些词语所激发出来的。你可以回想一次过去不好的经历，也可以去想象未来可能会发生的一个事情，如同上面一样，把它感觉得越真实越好。

通过上述的两个步骤，你已经体验到自己的两个不同的形象——正面的和负面的，分别反映出某一个特定的自我信念。把这两种想象加以比较，你会开始看到一些差异。这并不是指这两个情景在内容方面的差异（如讲故事、唱儿歌和难与同事交流两个事情上的差异），而是视觉、听觉和感觉等方面的差异。

也许这是你第一次了解自己对自己的感觉，了解你的自我形象。在重新审视之后，你就可以运用那些令人产生力量的词语，创造你希望拥有的信念，改变那些不利于自身发展的信念，进而把自己的潜能开发出来。

8. 知道自己想要什么

当下海热遍布全国时，你奋不顾身地下海；当出国风光时，你挤破头也要走出国门镀点金；当公务员热兴起时，你又忙着考公务员……忙忙碌碌的生活，看似充实，实则苍白不堪。

在选择之前，我们不妨先冷静地问一下自己：我究竟想干什么？

世界上没有一片叶子和别的叶子相同，更没有一个人与别人完全一样。认真做自己，就必须找到你与他人不一样的地方，即独特之处。而且，这种发掘还不能靠他人，而只能靠自己去寻找，因为谁也不会比你更懂得自己。

人生也需要不断改革

有一位小学老师，她从大学毕业后就想要教书，但是因为不是师范院校的大学毕业生，当时没有找到教书的机会，她便到日本留学，攻读教育硕士学位。刚回国时，她一时还找不到教职，就到一家公司担任日文秘书，很得老板的信任，待遇也相当好，但是她仍不放弃想要教书的念头。后来她去参加教师考试，考取后立刻辞去了秘书的工作。

教书的薪水不如她担任秘书的薪水，同时，周围的朋友很不解的是，以她的学历绝对可以去教高中，为什么要去教小学呢？

可是她很坚定地说："我就是因为喜欢小孩子才选择这个工作的呀。"

每个人都追求成功，那么你如何为"成功"下定义？很多人以为成功与否是由别人来评价的。实际上，你的成功与否只有你自己能做出评判。绝对不要让其他人来定义你的成功，只有你能决定你要成为什么样的人、做什么样的事，只有你知道什么能使你满足、什么会令你有成就感。

我想最接近成功的意义是"使命"，"使命"是我们要做的事以及要拥有的一切。你的使命感和你的信仰、价值观密不可分。你必须扪心自问一个问题：我如何确定自己的存在？这个答案直接关系到你所拥有的特质、能力、技巧、人格及天赋。

你首先应该知道的是：你是独特的、是绝无仅有的、是独一无二的，你有自己的个性、背景、观点、处世态度及人际关系，没有人可以取代你，也就是说你的存在绝对有无法取代的价值。你的使命终究还是要靠你自己来完成，它是你人生的目标，是独一无二、专属于你自己的。它值得你用全部的精神、力量去追求。

我们现在生活在一个为我们提供了无限机会的年代。这些选择的机会让我们达到极大的自由，但同时也给我们带来了困惑。有很多人抱怨不知道自己真正喜欢做什么。造成这种局面的原因是他们多年来压抑自己的愿望，忽略了自己的内在，他们总是急于模仿他人，却忘记了真实的自我。

这样不了解自己的人是不可能获得成功的。古语云："知人者智，知己者明。"如果你对自己想做什么非常清楚，你的愿望极端明确，那么使你成功的条件很快就会出现。遗憾的是对自己的愿望特别清楚的人并不是很多。我们需要清楚地了解自己的雄心壮志和愿望，并使它们在自己的内心逐渐明晰起来。

为自己想要的生活而努力的人，是快乐的智者。

第二章 立 志

人生 也需要不断改革

1. 志向高远才能收获成功人生

当你把追求放到自己的生命最高点上时,你就会觉得,什么困难都无法挡住你前进的步伐。因此,凡是要做大事的人,首先立志就要高,不要让小事、凡事绊住自己、影响自己,束缚和毁掉远大的前程。

吕不韦是中国历史上秦国的丞相,吕不韦在赵国邯郸做生意的时候,认识了当时在赵国做人质的秦孝文的儿子异人。吕不韦回到家就对父亲说:"种田的利润有几倍?"

他的父亲回答:"十倍。"

吕不韦接着问:"那么买卖珠宝有几倍利润?"

他的父亲说:"百倍。"

吕不韦最后问道:"那么经营国君呢?"

父亲想了想说:"恐怕万倍都不止啊!"

吕不韦就说:"如今我们每年辛苦种田,却得不到温饱;苦心经商,只是不愁衣食罢了。若能扶持一个君王建立国家,那么我们得到的利益将无穷无尽,还可以传给子孙后代。我现在决定做这个一本万利的生意!"

在吕不韦的努力下,异人即位做了秦王,而吕不韦也一步登天,做了秦国的丞相,权倾天下。

立志当立天下志,求名当求万世名。我们的志向,就应该有吕不韦经营天下的气魄。男儿志在四方,不应该畏畏缩缩安于现状,要努力去闯出一番自己的事业来,扬名天下。

一位记者,曾问一个西北贫困地区放牛的孩子:"你放牛做什么?""挣钱。""挣钱做什么?""娶媳妇。""娶媳妇做什么?""生娃。""生娃后再做什么?""放牛。"

另有一个真实的故事:一个贫穷的农夫,领着两个孩子放牛,弟弟望着天上

第二章 立志

飞过的大雁说："我们要是像大雁那样会飞就好了。"父亲说："只要想飞，就能飞上天！"兄弟俩都来学大雁飞，当然都没有飞起来。

父亲对他们说："你们还小，将来经过努力，你们一定能飞起来！"后来，他们果然飞上了蓝天，他们就是美国的莱特兄弟！

两个故事的主人公反差强烈的原因就是，他们的志向有着天壤之别。志向远大的人会产生出天赋神授一般的精神力量和旺盛斗志。失败与挫折、暂时的困境能激发起他们潜在的巨大勇气，鼓励他们去克服困难，战胜自我，并最终能够成功。

美国总统林肯认为："喷泉的高度不会超过它的源头，一个人的成就绝不会超过自己的理想。"

中国也有这样一句话："取乎上，得乎中；取乎中，得乎下。"这就是说：假如目标定得很高，取乎上，往往会得乎中；而当你把目标定得很一般，很容易完成，取乎中，却反而会得乎下了。

任何事情在操作过程中往往是要打折扣的，因此，人必须有很高的志向，这是把事情办好的一个重要前提。

几千年前的一天，在渭水北岸，有位悠然垂钓的老人。一个乘马车路过的人问他："老先生钓到鱼了吗？"

老人回答说："什么有没有钓到？你问的未免太浅薄了，我是在想国家大事呀！钓一条小鱼就得意忘形，那只是小人的行径，而我要钓的鱼和他们的大不相同。"

这样的回答让车上的那个人马上下来，毕恭毕敬地对老者说："先生正是我梦寐以求的老师啊！"随即在老人的背后深深地鞠躬。

车上的那个人就是周文王，而老

人生 也需要不断改革

人正是助周兴业八百年的姜太公。凡夫俗子偶有小成就会得意忘形，好像已经称霸天下一样，总是摆脱不了小家子气。如果能像姜太公那样沉着冷静，志向高远，就是钓不了天下，也能收获成功的人生。

知识链接

吕不韦

吕不韦（前292—前235），姜姓，吕氏，名不韦，卫国濮阳（今河南省安阳市滑县）人。战国末年著名商人、政治家、思想家，官至秦国丞相。

吕不韦门下有门客3000人，家僮万人。主持编纂《吕氏春秋》（又名《吕览》），有八览、六论、十二纪共20余万言，汇合了先秦各派学说，"兼儒墨，合名法"，故史称"杂家"。书成之日，悬于国门，声称能改动一字者赏千金。此为"一字千金"的由来。

2. 人最怕的是没有志向

希腊神话中有一则神话叫《潘多拉的匣子》。传说众神之王宙斯因为普罗米修斯违背了他的意愿，盗了天火给人类，大怒，开始惩罚普罗米修斯和人类。他命令手艺最高明的匠神赫淮斯托斯按照女神的模样打制出一名女子，起名叫潘多拉，即"具有一切天赋的女人"之意，并且让每一个神都送一样礼物放在潘多拉随身携带的匣子里。之后，宙斯把潘多拉嫁给了普罗米修斯的弟弟埃庇米修斯。因为普罗米修斯是个先知，所以他知道潘多拉是宙斯用来惩罚人类的工具，因此，他郑重地提醒和警告埃庇米修斯：千万不要娶潘多拉为妻。但埃庇米修斯抵抗不住潘多拉的美貌，置兄长的警告于不顾，仍旧娶潘多拉为妻。潘多拉趁大家不备打开了那个匣子，顿时，匣子里各种各样的东西都飞了

第二章 立志

出来,有战争、疾病、瘟疫、灾难、痛苦、妒忌……潘多拉被吓坏了,她急急忙忙关上了匣子,结果,最后一样东西被关在了匣子里,这个东西恰恰就是:希望。

从此以后,人类必须经历各种各样的战争、疾病、瘟疫、灾难、痛苦、妒忌……唯独缺少的是希望。

有一位老师经常对他的学生说:"人生不能无希望,所有的人都是生活在希望中的。假如真的有人是生活在无望的人生中,那么他只能是失败者。人很容易遇到失败或障碍,于是悲观失望,消极下去,或在严酷的现实面前,失掉活下去的勇气,或怨恨他人,结果落得个唉声叹气、牢骚满腹。其实,身处逆境而有志气的人,肯定会找到一条坦途,在内心里也会体会到人生真正的希望和意义。"

保持"希望"的人生是有力的,失掉"希望"的人生是无力的;"希望"是人生的力量,在心里一直抱着"美梦"的人是幸福的。在走向人生这个征途中,最重要的既不是财产,也不是地位,而是在自己胸中像火焰一般燃烧的志气,即"希望"。因为那种毫不计较得失、为了巨大希望而活下去的人,肯定会充满勇气,激发出巨大的激情,开始闪烁出洞察现实的睿智之光。与时俱进、终生怀有希望的人,才是具有最高信念的人,才会成为人生的胜利者。

在这个世界上,有许多事情是我们难以预料的。我们不能控制机遇,却可以掌握自己;我们无法预知未来,却可以把握现在;我们不知道自己的生命到底有多长,但可以安排当天的生活;我们左右不了变化无常的天气,却可以调整自己的心情。只要有志气,就有希望;只要每天给自己一个希望,我们的人生就一定不会失色。

人最怕的是没有志气,它使人失去了面对现实、挣扎抗拒的勇气。而

与此相反，希望却正如坚强的生之意志，它能使一切看似无可救药的事物重获生机，欣欣向荣。如果一个人的心灵有了希望，还有什么东西可以打败他呢？

3. 成大事既在才能也在志向

巴斯德说："立志是一件很重要的事情。工作随着志向走，成功随着工作来，这是一个规律。立志、工作、成功，是人类活动的三大要素。立志是事业的大门，工作是登堂入室的旅程。这旅程的尽头就有个成功在等待着，来庆祝你的努力结果。"

一个人如果下定决心做成某件事，那么，他就会发挥最大的能力，跨越前进路上的重重障碍，向成功迈进。

《易经》中说："泽无水，困，君子以致命遂志。"这句话是说："君子即使身处逆境之中，也要积极追求，不达目的不罢休，身可死而志不可夺'，虽面临困境也不气馁。"没有大志向的人，不可能创大业、成大事。韩瑞芝说："天下没有立下志向却不能成事的人，也没有不立下志向却能成事的人。"做每一件事，都要先立定志向，然后才能成功。苏轼说："古代成大事的人，不仅有超世的才能，还树立了坚忍不拔的志向。"立下大志，尤其要有不惜以生命相搏斗的气势。朱熹也说："立下的志向不坚定，最后也不能成功。"做人如果能把握得住志向，奋扬得起志气，还有什么目标不能达到，还有什么事情不能做到呢？树立了志向

而不能成功，原因在于树立的志向不坚定，当遇到艰难险阻时，就放弃追求了。凡事只要有1%放弃的念头，就会失败。

贫莫贫于无才，贱莫贱于无志。人生的贫贱是可以转化的，只要有志向就容易办到。没有志向的人，要想转移贫贱太困难了。魏晋时著名的狂士嵇康说："没有志向的人不是人。"人要想做事，要想安身立命，可是没有志向，就是圣人对你也无可奈何，佛祖对你也无可奈何，上帝对你也无可奈何。

曾国藩说："人的气质是天生的，后天很难改变。如果想改变它，就必须树立坚定卓越的志向。"唐翼修说："一个人立身处世，当顶天立地，万物备于我。范仲淹还是秀才时便立志以天下为己任，这是有宰相的气象。设心行事，能利人利物，就是圣贤，就是豪杰。小志向岂能成大事？"人的志向小，目光就短浅；目光短浅，见识就不长远；见识不长远，气象就不辉煌。

这是说一个人的志愿应高远，志气应恢宏，志向应坚定，做人做事具备这几个条件的人才可能超凡出众。

4. 有志者立长志

立志难，立长志更难。但是立长志，即多一份"身后意识"，就像多了一双睿智的眼睛，时时给我们添一点远见。一点对现实更为透彻的认识。这样会更利于我们事业的成功。

人生 也需要不断改革

在现实生活中，我们中间有好些人的眼睛并不总是睁开的，结果，这些人所能看到的就只能是满眼困苦，遍地障碍。当他们的事业没有什么进展的时候，他们就会觉得很沮丧。但是，他们根本不明白，造成这种状态的原因是什么。他们缺少的是对事业的专注与执着。

从前，有人正要将一块木板钉在树上，有位叫贾金斯的人便走过去管闲事，说要帮他一把。

贾金斯说："你应该先把木板锯平再钉上去。"可是，他找来锯子之后，还没有锯到两三下，就又撒手了，说要把锯子磨快些。

于是他又去找锉刀，接着他又发现必须先把锉刀安上一个顺手的手柄。因此，他又去灌木丛中寻找小树，可是砍树又得先磨快斧头。磨快斧头需将磨石固定好，这又免不了要制作支撑磨石的木条。制作木条少不了木匠用的长凳，可这没有一套齐全的工具是不行的。

于是，贾金斯到村里去找他需要的工具，然而这一去，就再也不见他回来了。

有道是"无志之人常立志，有志之人立长志"，贾金斯是一个典型的"常立志"的无志之人。

世界著名的法国作家伏尔泰曾经说过："要在这个世界上获得成功，就必须坚持到底——剑至死都不能离手。"

导致一个人失败的原因很多，最常见的就是不如意就抽身的习惯。任何人在成功之前，都会遇到许多的失意，甚至是多次的失败。如果放弃了，就错过了一个成功的机会，因为轰轰烈烈的成功之前往往是失败，而某次失败离成功往往只有一步之遥。

让我们来领略一下国际电影巨星史泰龙是如何屡

败而不移其志的。

　　史泰龙的父亲是一个赌徒，母亲是一个酒鬼。父亲赌输了，又打老婆又打儿子；母亲喝醉了也拿儿子出气发泄。史泰龙在拳脚相加的家庭暴力中长大，常常是鼻青脸肿，皮开肉绽。史泰龙的童年极其悲惨，高中辍学，便当了阿混。

　　直到他20岁的时候，一件偶然的事刺激了他，使他醒悟反思，他下定决心，要走一条与父母迥然不同的路，活出个人样来。他想到了当演员——当演员不需要文凭，更不需要本钱，而一旦成功，却可以名利双收。

　　于是，他来到好莱坞，找明星、找导演、找制片……找一切可能使他成为演员的人，处处哀求："给我一次机会吧，我要当演员，我一定能成功！"

　　他一次又一次地被拒绝了。但他并不气馁，他知道，失败定有原因。每被拒绝一次，他就认真反省、检讨、学习一次，之后又去找人……

　　在他一共遭到1300多次拒绝后的一天，一个曾经拒绝过他20多次的导演对他说："我不知道你能否演好，但我被你的精神所感动。我可以给你一次机会，先只拍一集，就让你当男主角，看看效果再说。"

　　为了这一刻，他已经做了3年多的准备，终于可以一试身手了。机会来之不易，他不敢有丝毫懈怠，全身心投入。这部剧创下了当时全美最高收视率——他成功了！

知识链接

伏尔泰

　　伏尔泰（1694—1778），本名弗朗索瓦—马利·阿鲁埃，伏尔泰是他的笔名，法国启蒙思想家、文学家、哲学家、著名学者、作家。

　　伏尔泰是18世纪法国资产阶级启蒙运动的泰斗，被誉为"法兰西思想之王""法兰西最优秀的诗人""欧洲的良心"。主张开明的君主政治，强调自由和平等。

　　代表作：《哲学通信》《形而上学论》《路易十四时代》《老实人》等。

人生 也需要不断改革

5. 根据个人实际情况来立志

自古以来，长辈总是勉励我们要立大志。所有的人，都无条件地认为立大志是一件好事。大人们不免时常会问孩子长大了以后要做什么，大部分的男生都会回答，做老板或是大官。当然，也有的孩子回答说，要做一名电车司机，而听到这种答案，大人们会不以为然地说：“孩子啊！你的志向怎么这么小！”

你呢？你以前是怎么回答的？如果把同样的问题移到求职上，当主考官问"你希望能升到什么样的职位"时，30%以上的求职者会回答"董事长"。时代已经改变了，但对于大志向的期许仍然没有改变。

古人有诗云："男儿立志出乡关，学若无成誓不还。埋骨岂须桑梓地，人间到处有青山。"现在再读时，觉得"志向没有达成绝不回去"这种坚决的态度，带有悲怆的意味，而且太逞强了，不太令人喜欢。

立大志并不是坏事，但是，如果目标和现实距离太远，就不太可能成功。若是希望能在奥运中获胜，必须要有超人一等的资质，加上后天不断的努力，才有可能实现。一般人是不会抱这么大的愿望的，但仍有不少人定立的目标和自己的现状差距很大。我们先不妨来看看一位年轻人的故事。

一位高中毕业生，在工厂服务了三年后，向人事主管提出辞呈。人事主管问他为何要辞职，他说，他想进大学念英文系，以后要当翻译官。因为依赖父母供养，所以他想到报社半工半读，一面赚学费，一面补习，以便参加考试。大家也许会很佩服这位年轻人的勇气和决心，但是，他这样做似乎太鲁莽了。

这位年轻人平常沉默寡言，讲话不太流畅，缺乏表达能力。面谈时，人事主管曾测验过他的语言能力，结果并不好，主管认为他不适合当翻译，所以再三劝他。但年轻人执意不听，说："我不试试，怎么会知道自己有没有能力？"于是坚持辞职了。

第二章 立志

结果如何呢？且不说他没当成翻译官，连大学也没考上，后来又不得不在其他公司上班。订立了一个远大的目标，却没有实现目标的具体行动和计划，就好像是没有楼梯却想爬上二楼一样，受到挫折是显而易见的。这时候才抱着挫折感和屈辱感，一边喝闷酒，一边埋怨"整个世界都是错误的"，"是谁毁了我的一生"，已太迟了。

总之，目标如果太大，就无法订立实现的计划。必须把水准降低到可能实现的范围内，同时，除了最终目标外，再设定一个在某段时间内必须完成的中程目标。万丈高楼平地起，立大志，可以分解为阶段性小志，等到小志一一实现了，实现大志也就指日可待了。

马拉松比赛时，选手如果中途支撑不下去，可以在内心设定一个小目标，告诉自己：跑到前面的电线杆再停下来。等跑到时，再设定下一个小目标。如此一来，就能够在一个一个的小目标中跑完全程。这一定比告诫自己"前面的路还很长，现在停下来就完了"来得有效。

在工作上设定适当的小目标也很重要。当你面临堆积如山的工作，不知从何下手时，不妨先设定一个小目标，确定今天必须完成的部分。然后再分成上午必须完成的部分和下午必须完成的部分。无形中，你会希望比预定的时间提早完成工作。于是，处理事情的速度便快多了。第二天，你可以设定比前一天多一点的目标，一直到全部都完成为止。

久而久之，你的自信心会增强，同时也为自己设定大目标积累了经验和实力，有利于大目标的实现。

知识链接

圣 经

《圣经》是犹太教、基督教的宝典。《圣经》不只是一本简单的书，而是由66本丛书组成的图书，内容包括历史、诗歌、哲学等方面的内容。犹太教的正式经典，包括律法书5卷、先知书8卷、圣录11卷三个部分。基督教的经典，包括《旧约圣经》和《新约圣经》。《旧约圣经》即犹太教的《圣经》，是从犹太教承受下来的。全书卷数和次序，基督教各派略有不同。《新约圣经》共27卷，包括记载耶稣生平、言行的"福音书"。据说世界上共有一千八百多种语言的《圣经》译本。

6. 让自己的志向不可阻挡

当你决定并已踏上征途的时候，最终能否实现它，其实条件很简单，就取决于你的志向是否坚定。

人必须怀有一种明晰的志向才能够有目的地去创造、探求，否则东一榔头西一棒槌，是不可能把任何事情做好的。

勒格森·卡伊拉仅有只够维持五天的食物，一本《圣经》和《天路历程》两本书，一把用于防身的小斧头和一块毯子。带着这些，他急切地踏上了他的人生旅途。勒格森·卡伊拉将徒步从他的家乡尼亚萨兰，向北穿过东非荒原到达开罗，在那儿再乘船到美国，开始他的大学教育。

1958年10月，勒格森只有16岁或17岁，他母亲也拿不准那时他确切的年龄。他的父母都是文盲，不知道美国的确切位置离他们究竟有多远，但他们还是勉强地为勒格森的旅途祈祷。

对勒格森来说，他的旅途源于他的一个梦想，这个梦想促使他决心要接受教育。他希望能像他心目中的英雄亚伯拉罕·林肯、华盛顿那样改变世界，服务于全人类。不过，要实现他的目标，他需要受最好的教育，他知道只有在美国才能得到他需要的教育。

勒格森出发了。他必须踏上征途。他一心只想着一定要踏上那片可以帮助他把握自己命运的土地，其他的一切都可以置之度外。

在崎岖的非洲大地上，艰难跋涉了整整五天以后，勒格森仅仅前进了25英里。食物吃光了，水也快喝完了，而且他身无分文。要想继续完成后面的2975英里的路程似乎是不可能了，但勒格森清楚地知道回头就是放弃，就是重新回到贫穷和无知。

他对自己发誓：不到美国我誓不罢休，除非我死了。他继续前行。

一次高烧使他病得很重。好心的陌生人用草药为他治疗，并给他提供了地方来休息和养病。由于疲惫不堪和心灰意懒，勒格森几欲放弃。但他心中的志向或者说是梦想还是战胜了退缩情绪。他继续前行，走了近1000英里，到达了乌干达首都坎帕拉。此时，他的身体竟健壮起来，也有了更加明智的求生方法。他在图书馆里找到了一本图文并茂的美国大学指南书，其中的一幅插图深深地吸引了他。那是个看上去庄重而又友好的学院，坐落在湛蓝的天空下，喷泉草坪错落有致，环绕学院的群山使他想起了家乡那壮丽的山峰。

位于华盛顿佛农山区的斯卡吉特峡谷学院成为勒格森申请的第一个具体院校，这似乎是不可能成功的，但他决定立即给学院的主任写封信，述说自己的境况，并向学院提出申请，希望得到奖学金。

人生 也需要不断改革

斯卡吉特峡谷学院的主任被这个年轻人的决心深深感动了，不仅接受了他的申请，还向他提供了奖学金和一份工作，其工资足够用以支付他上学期间的食宿费用。

勒格森向着自己的梦想又前进了一大步，但更多的困难仍然阻挡着他的道路。

要到美国去，勒格森必须具备护照和签证，但要得到护照他必须向美国政府提供确切的出生日期证明。更糟糕的是要拿到签证，他还需要证明他拥有支付他往返美国的费用。

勒格森只好再次拿起纸笔给他童年时起就曾教过他的传教士们写了封求助信。结果传教士们通过政府渠道帮助他很快拿到了护照。然而，勒格森还是缺少领取签证所必须拥有的那笔航空费用。勒格森并不灰心，而是继续向开罗前进，他相信自己一定能通过某种途径得到自己需要的这笔钱。

几个月过去了，他勇敢的旅途事迹也渐渐地广为人知。当他身无分文、筋疲力竭地到达喀土穆时，关于他的传说已经在非洲大陆和华盛顿佛农山区广为流传。斯卡吉特峡谷学院的学生们在当地市民的帮助下，寄给勒格森650美元，用以支付他来美国的费用。当得知这些人的慷慨帮助后，勒格森疲惫地跪在地上，满怀喜悦和感激。

1960年12月，经过两年多的行程，勒格森终于来到了斯卡吉特峡谷学院。他骄傲地跨进了学院高耸的大门。

毕业后的勒格森深知，自己现在距离心中的梦想还差得很远，他没有停止奋

斗。他继续进行学术研究，并到英国成为剑桥大学的一名政治学教授，同时还是广受尊重的作家。

勒格森出身卑微，但就像他崇拜的英雄——亚伯拉罕·林肯和华盛顿那样，最终取得成功。他不断地寻求改变，并向自己既定的目标勇往直前。他的勇气，成为我们人生航行中的一座壮丽灯塔，为人们指引着前进的方向。

7. 全力以赴是实现志向的关键

做任何事都不能缺少决心，决心是实现志向的关键。任何成功都必须全力以赴，坚持到底，否则你永远无法得到自己想要的一切。

人们时常会发现，许多失败的人都是有特殊天分的。他们拥有许多大好的机会，只因为太快放弃而未能成功，热情也在一夜之间为懒惰和不耐烦所取代。

决心和坚毅才是完成工作的关键。一个人如果想成功，就必须有坚持到底的决心。

富兰克林认为，"下定决心，不管做什么，都要全力以赴"。一位著名的教练对他的球队说过一段简短而振奋人心的话："当欢呼声消失了，体育场上人去楼空后；当报上的大标题已经印出，你回到自己安静的房间，超级奖杯放在桌上，所有热闹都已消失后，剩下的就只有：致力于完美，致力于胜利，致力于尽我们最大的努力，以使这世界变得更好。"

一位哲人说过，任何人都可以数得出一个苹果里有多少种子，但只有上帝知道一粒种子里有多少苹果。

亨利·福特在成功之前因失败而破产过5次。丘吉尔直到62岁才成为英国首相，那时他已经历过无数次失败和挫折了。他最伟大的贡献是在他成为"年长公民"后完成的。有18位出版家否决掉理查·巴哈的一万字故事《天地一沙鸥》，最后由麦克米兰出版公司于1970年发行。到了1975年，仅在美国一地，这本书

人生 也需要不断改革

便卖出 700 万本。

可以这么说，世界上如果有 100 个人的事业获得巨大的成功，那么，这 100 个人都有把事业坚决进行到底的决心。

有这样一个人，死神在他事业的路上如影随形，他却矢志不渝地走向了成功。他就是家喻户晓的诺贝尔奖金的奠基人——弗莱德·诺贝尔。

1864 年 9 月 3 日这天，寂静的斯德哥尔摩市郊突然爆发出一声震耳欲聋的巨响，滚滚的浓烟霎时冲上天空，一股股火焰直往上蹿。仅仅几分钟时间，一场惨祸发生了。当惊恐的人们赶到现场时，只见原来屹立在这里的一座工厂只剩下残垣断壁。火场旁边，站着一位 30 多岁的年轻人，突如其来的惨祸和过分的刺激，已使他面无人色，浑身不住地颤抖着……

这个大难不死的青年，就是后来闻名于世的弗莱德·诺贝尔。诺贝尔眼睁睁地看着自己创建的硝化甘油炸药实验工厂化为了灰烬。人们从瓦砾中找出了五具尸体，四人是他的亲密助手，而另一个是他在大学读书的小弟弟。五具烧得焦烂的尸体，令人惨不忍睹。诺贝尔的母亲得知小儿子惨死的噩耗，悲痛欲绝；年迈的父亲因大受刺激而引起脑溢血，从此半身瘫痪。然而，诺贝尔在失败面前却没有动摇、退却，仍充满一直向前的决心。

事情发生后，警察局立即封锁了爆炸现场，并严禁诺贝尔重建自己的工厂。人们像躲避瘟神一样地避开他，再也没有人愿意出租土地让他进行如此危险的实验。但是，困境并没有使诺贝尔退缩，几天以后，人们发现在远离市区的马拉仑湖上，出现了一只巨大的平底驳船，驳船上装满了各种设备，一个年轻人正全神贯注地进

第二章 立志

行实验。毋庸置疑，他就是在爆炸中死里逃生、被当地居民赶走了的诺贝尔。

无畏的勇气往往令死神也望而却步。面对令人心惊胆战的实验，诺贝尔依然持之以恒地行动，他从没放弃过自己的梦想与决心。

功夫不负有心人，他终于发明了雷管。雷管的发明是爆炸学上的一项重大突破，随着当时许多欧洲国家工业化进程的加快，开矿山、修铁路、凿隧道、挖运河等都需要炸药。于是，人们又开始亲近诺贝尔了。他把实验室从船上搬迁到斯德哥尔摩附近的温尔维特，正式建立了第一座硝化甘油工厂。接着，他又在德国的汉堡等地建立了炸药公司。一时间，诺贝尔的炸药成了抢手货，诺贝尔的财富与日俱增。

然而，初试成功的诺贝尔，好像总是与灾难相伴。不幸的消息接连不断地传来，在旧金山，运载炸药的火车因震荡发生爆炸，火车被炸得七零八落；在德国，一家著名工厂因搬运硝化甘油时发生碰撞而爆炸，整个工厂和附近的民房变成了一片废墟；在巴拿马，一艘满载着硝化甘油的轮船，在大西洋的航行途中，因颠簸引起爆炸，整个轮船葬身大海。

一连串骇人听闻的消息，再次使人们对诺贝尔望而生畏，甚至把他当成瘟神和灾星。随着消息的广泛传播，他被全世界的人所诅咒。

诺贝尔又一次被人们抛弃了，不，应该说是全世界的人都把自己应该承担的那份灾难给了他一个人。面对接踵而至的灾难和困境，诺贝尔没有一蹶不振，他身上所具有的毅力和恒心，使他对已选定的目标义无反顾，永不退缩。在奋斗的路上，他已经习惯了与死神朝夕相伴。

人生 也需要不断改革

大无畏的勇气和矢志不渝的决心最终激发了他心中的潜能，他最终征服了炸药，吓退了死神。诺贝尔赢得了巨大的成功，他一生共获专利发明权355项。他用自己的巨额财富创立的诺贝尔奖，被国际学术界视为最崇高的荣誉。

诺贝尔成功的经历告诉人们，决心是实现目标过程中不可缺少的条件，是发挥潜能的必要条件。决心与追求结合之后，便形成了百折不挠的巨大力量。

从诺贝尔的成功可以看出，干事业要经得起挫折，要有决心和毅力，绝不能半途而废。做一件事坚持到底最重要，否则，就会在竞争中一事无成。

成功靠的不是力量而是韧性。社会竞争常常是持久力的竞争，有决心和毅力的成功者往往成为笑到最后、笑得最好的人。因而决心和毅力是事业成功的必备条件。

知识链接

诺贝尔

阿尔弗雷德·贝恩哈德·诺贝尔，瑞典化学家、工程师、发明家、军工装备制造商和炸药的发明者，1833年10月21日出生于斯德哥尔摩，1896年12月10日逝世。

诺贝尔一生拥有355项专利发明，并在欧美等五大洲20个国家开设了约100家公司和工厂，积累了巨额财富。1895年，诺贝尔立下遗嘱将其遗产的大部分（约920万美元）作为基金，将每年所得利息分为5份，设立诺贝尔奖，分为物理学奖、化学奖、生理学或医学奖、文学奖及和平奖5种奖金（1969年瑞典银行增设经济学奖），授予世界各国在这些领域对人类作出重大贡献的人。为了纪念诺贝尔作出的贡献，人们就用它的名字作为这个奖项的名称。

第三章 经营自己的优势

人生 也需要不断改革

1. 优势就是力量

优势就是力量，它是一个人信心的来源和人生之路选择的根据，是一个人成功的要素和基础。

要是你从来就没有观察能力和写作能力，却要做个作家，那将导致你终身的失败。要成功，就必须充分地发挥你自己的优势。

在一片美丽青葱的草原上，有一只鸭子、一条鱼、一只老鹰、一只猫头鹰、一只松鼠以及一只兔子。它们一致决定要办一所学校，好让大家都能更聪明，就像人类一样。

凭借一些年事较长的动物的协助，它们设计出一套课程，相信可以训练出全能的动物。这些课程包括：跑步、游泳、爬树、跳跃、飞行。

开学的第一天，小兔子仔细梳好了耳朵上的绒毛，便蹦蹦跳跳地去上跑步课了。

它在班上简直就是一颗明星。它铆足全力尽快地奔上小丘又回来，实在感觉棒极了。它高兴地跟自己说："简直不敢相信！我居然可以在学校里做我最擅长的事。"

老师说："小兔子，你确实拥有跑步的天分。你的后腿肌肉强劲，再多加训练，你能跑得更快些。"

兔子说："我好爱上学哦！我可以在学校做我喜欢的事，而且可以学习做得更好。"

下一堂课是游泳课。小兔子一闻到漂白粉的气味，就说："等等！我可不爱游泳。"

老师说："你也许现在不喜欢，可是再过五年，你就知道学会游泳有多好了。"

在爬树课上，它们把树干倾斜三十度，这样大家才比较容易爬得上去。小兔子非常卖力，以致弄伤了腿。

第三章
经营自己的优势

上跳跃课时,小兔子表现不错。到了飞行课,它碰到了麻烦。老师为它做了心理测验,发现它需要接受基础飞行训练。

接受基础飞行训练时,小兔子必须练习从悬崖边缘跳下去。老师告诉它,只要努力,就一定可以成功。

第二天早晨,它又去上游泳课。老师说:"今天我们要跳水。"

"等一下,昨天我和我爸妈讨论过游泳课的事。它们从来不学游泳,我们兔子不喜欢把自己搞得湿湿的。我要退出这门课。"

老师说:"你不能退出,加、退、选课程的时期已经过了。现在你只有一个选择:跳下去或是被刷掉!"

小兔子只好跳下水去。可是它沉了下去,水中浮起了气泡。老师看它真的快淹死了,只好把它拉上来。其他的动物可从来没见过比一只湿兔子更可笑的事了,它看起来就像一只没有长尾巴的老鼠,于是大家笑得东倒西歪、前仰后合。小兔子这辈子都没有受到过这样的羞辱。它一心只盼早点下课,放学时,它真的很高兴。

小兔子回家时,心中相信父母一定会理解它,而且能帮助它。一进门,它就告诉父母:"我讨厌上学,我只想能够自由自在。"

"你一定得拿到证书,才能为兔子争光!"它们回答说。

小兔子说:"我不想要证书。"

父母回答它:"不管你想不想,都得把证书拿回来。"

它们起了争执,最后,爸爸妈妈终于把小兔子送上了床。第二天早上,小兔子去上学时,跳得十分迟缓。接着,它记起校长曾经说过,有什么问题,都可以去请教辅导老师。

小兔子一到学校,就直接蹦上了辅导老师身旁的一把椅子上,大声说道:"我讨厌上学。"

辅导老师就:"为什么?"

于是,小兔子把经过说了一遍。

辅导老师说:"小兔子,我理解你的意思,你说不喜

人生 也需要不断改革

欢学校，其实是因为你不喜欢游泳。我想我的判断不会错。让我告诉你，我们应该怎么办。你的跑步很好，根本不需要再练。你需要的是把游泳练好。我会安排你不用再上跑步课，两节课都上游泳课。"

小兔子听到这里，不免当场反胃。

小兔子离开辅导室时，抬眼看到它的老朋友智者猫头鹰，智者昂头说道："小兔子，人生实在不必如此。我们应该建一些学校及公司，让人们可以专心做自己擅长的事。"

小兔子受到了这句话的启发。它希望自己毕业后，可以开创一番事业，让兔子可以专心地跑，松鼠专门爬树，鱼儿只管游泳。它一面跃过草原，一面轻叹自语道："那会是个多棒的地方啊！"

看看我们的四周，大多数的公司、学校、家庭以及各种机构都遵循一条不成文的定律：让我们努力奋斗，或为无所不能的"超人"。

我们整个教育制度的设计，就像个捕鼠器一样，完全针对人的弱点，而不是培养人的优势与长处。

公司经理人把大部分的时间用在表现最差的人身上，只求帮助他减少过失。

父母师长注意的是你成绩最差的一科，而不是你最擅长的科目。

银行家与信用调查员完全以不良信用记录来判断一个人的信用度。

几乎所有的公职人员都集中力量解决问题，而非协助人们去自立自足。

人人都有这样的想法，那就是：只要你能改正一个人的缺点，他就会变得更好；只要你能修正一个公司的缺点，这个公司也就更优秀。以此类推，只要能改正所有的缺点，就万事OK了。可悲的是，这种推断是完全错误的。改正一个人或一家公司的缺点，只能造就一个平常的人或公司。

譬如写一篇文章，如果所有的拼字文法都正确无误，这篇文章就应该得A吗？当然不是！你写了一篇零缺点的文字，并不表示它就是一篇出色的文章。许多著作颇丰的文学大师，如海明威、福克纳等，常常有拼错字或文法错误的情形。伟大的作品能将人伟大的思想形之于文字，一旦以清晰井然的形式将思想转换为文字，接下来的拼字与造句的问题大可交给编辑去处理。只有集中力量发挥自身优势，才能达到卓越，而一味消除缺点并不能表现出色。

如果一个人在某一方面特别突出，例如，销售、数学、人际交往或是室内装

第三章 经营自己的优势

潢，就会产生一种有趣的反应，那就是：我们把这些优势视为理所当然。我们假设优势是会自然发展的，用不着费心。一般人的想法是，如果你真的想要进步，就不要在你的长处上浪费时间，而是应该努力改正弱点，这样你才能完全地发展。

你是否常听到有人说："数学对他不成问题，不过他应该加强历史和英文。"重点在于历史和英文，而不是数学。可是，真正有发展潜力的是什么？是这个人的优势，是数学，而不是历史或英文。

我们来举一个有关阅读的例子。

美国内布拉斯加州的教育委员会指派内布拉斯加大学推动一项三年计划，研究教导速读最有效的方法。这项研究测试了一千多名学生，以了解他们阅读的速度与理解程度。测试结果相当戏剧化。阅读能力差的学生，以每分钟90字开始，进步到平均每分钟150个字。而最优秀的学生，是由每分钟350字开始，进步到每分钟2900字。即使最有经验的研究人员，都对这样的结果大为惊异，因为，他们原来以为进步百分比最大的应该是阅读速度最差的学生。结果是，阅读速度最快的学生，通过训练进步最大，而且获益也最多。

在《圣经》中有一条"马太定律"："让富的更富，让穷的更穷。"我们自身的优势也遵循着这句"马太定律"，只要我们能发现自己的优势，倾注全力地培养我们的优势，那么，我们的优势将得到突飞猛进的发展，我们将是无往而不胜的。

请记住：成功的人生源于对优势的极致挥洒！

知识链接

马太效应

马太效应，指强者愈强、弱者愈弱的现象，广泛应用于社会心理学、教育、金融以及科学领域。马太效应，是社会学家和经济学家们常用的术语，反映的社会现象是两极分化——富的更富，穷的更穷。马太效应，名字来自圣经《新约·马太福音》一则寓言："凡有的，还要加倍给他叫他多余；没有的，连他所有的也要夺过来。"

人生 也需要不断改革

2. 别想教会猪唱歌

　　曾经有过一幅猪的漫画，标题上写着："别想教会猪唱歌——你是在浪费时间，还把猪惹恼了。"这句话太有道理了，可是不论在教育界或工商业界中，我们总是想教猪唱歌。我们总是想要求优秀的业务员变成非常注重细节的人，于是他必须与一堆电话账单奋斗；也常有一些对业务工作毫无兴趣也毫无经验的经理被外派接受业务课程；或是将顶尖的工程人员晋升为管理阶层人员，我们都是在试着教猪唱歌。我们在学校里，不允许学生专注于他们最擅长的科目，却一味要求他们在各科都应表现优异，这也等于是"在为猪崽们开设音乐课程"。

　　谁都知道：猪也许有很多优势，但唱歌绝不是其优势；同理，我们每个人有很多优势，然而并非全能，总有劣势存在。我们要想成功，那么就应该选择最能够发挥我们优势的行业和工作。如果像"猪学唱歌"一样，放弃自己的优势，而做自己不擅长的事，到头来一定会一无所成，与失败为伍了。

　　我们耳熟能详的一句话是："天下无难事，只怕有心人。"

　　这句话往往误导人们从以下几个方面去理解：

　　如果你第一次不成功，只要一试再试，必能成功；不断练习，必臻完美。

　　只要有信心，必能完成之。

　　我做得到，你一定也做得到。

　　这些教诲属于"积极思想的力量"这一派，其背后的理念是：只要努力，必能成功。今天，还有成千上万极聪明又有抱负的人遵循着这条深植人心的哲理，前仆后继地追求成功，而其中有许多人是注定难逃失败与挫折的命运的。其中的道理很简单，"任何事难不倒任何人"的观念，是假设所有的人都拥有类似的才干和优势。这一点，当然是不正确的。我们每个人都自成一格，拥有独特的才能，拥有自己独特的优势。我们并非机器人，只要施以恰当的增强训练，就能去做任

第三章 经营自己的优势

何动作。哈佛大学心理学家葛登·阿尔波特博士等人的研究报告与论文都告诉我们，这确实是广为流传且误导歧途的一则"天真神话"。事实的真相是，我们的确可以（也应该）尝试任何我们想要尝试的事。可是除非我们尽早确定我们基本的才能在哪一方面，我们的优势在哪一方面，否则，我们终将与真正的成功擦肩而过。所以，前面几句励志的话应该改写成：

你的优势能成就多少，你就能成就多少。如果你第一次不成功，检查一下你是否站在自身优势的基础上。不断练习发挥优势，必臻完美。

如果你有信心完成，并且真的完成了，可能是因为你原来就拥有这份能力和这份优势。

我做得到，其他与我有同样优势的人也做得到。

想要通过自己的弱点和劣势达致成功，往往会带来负面的自我认知。

玛莉现年30岁，在一家影印机制造厂工作。在后援工作岗位上做了几年之后，她决定把对产品的专业知识发挥到业务工作上，而她对业务工作的成就值期望很高。但是半年后，她并未如期地坐上业务冠亚军的宝座，而只名列第十五。她可以介绍产品，而且说明会办得很成功，就是缺乏勇气要求成交。在成绩揭晓之前，她一直是带动业务士气的人，可是后来她对自己越来越没有把握，也就在团体中渐渐丧失了这种领导地位。后来，这种挫败甚至影响了她个人的生活。由于不断在自己的弱点上做练习，她对自己的看法也越来越负面。

当我们专注于弱点和劣势时，我们的长处和优势将惨遭扼杀。我们开始为别人的缺点感到惋惜，常常同情别人、提供一些富有哲理的建议。我们想要安慰他，就会说："如果你觉得自己搞砸了，只要想想街上那些混混比你还惨呢！"只注意失败，会使人觉得更糟糕，而且也忽视了他原本拥有的长处。最有可能成功的机会，就是牢记和提醒我们原来就拥有的优势，并在找出应付缺点之道后，尽快回到能充分发挥优势的道路上来。

人生 也需要不断改革

3. 人摆错了位置就是庸才

我们对事物的价值都有一个大致的评价，知道什么珍贵，什么微不足道。那么，我们自身的价值何在？热门话题，流行时尚，理想职业，最新潮流……在社会的喧嚣中，在别人的影响下，许多人迷失了自我，看不清自己真正的价值，总是按照别人的看法设计自己的人生——让自己"生活在别处"。

一般人总是相信，当他们投身于时下最为热门的行业，就俨然处于社会光环的中心，就会得到权力、地位和财富，实现自我的价值。不过，等他们花尽毕生的力气追求之后，他们才恍然大悟，原来自己真正应该做的事情没有做，自己所追求的很多热门根本不适合自己，或者根本就没有意义，只是炫目的泡沫。

在美国的一个小酒吧里，一位年轻小伙子正在用心地弹奏钢琴。说实话，他弹得相当不错，每天晚上都有不少人慕名而来，认真倾听他的弹奏。一天晚上，一位中年顾客听了几首曲子后，对那个小伙子说："我每天来听你弹奏的都是这些曲子，你不如唱首歌给我们听吧。"这位顾客的提议获得了不少人的赞同，大家纷纷要求小伙子唱歌。

然而，那个小伙子面对大家的请求却变得腼腆起来，他抱歉地对大家说："非常对不起，我从小就开始学习弹奏乐器，从来没有学习过唱歌。我长年累月地坐在这里弹琴，恐怕会唱得很难听。"那位中年顾客却鼓励他说："小伙子，正因为你从来没有唱过歌，或许连你自己都不知道你是个歌唱天才呢！"此时酒吧的经理也出来鼓励他，免得他扫了大家的兴。

小伙子认为大家想看他出丑，于是坚持说只会弹琴，不会唱歌。酒吧老板说："你要么选择唱歌，要么另谋出路。"小伙子被逼无奈，只好红着脸唱了一曲《蒙娜丽莎》。哪知道他不唱则已，一唱惊人，大家都被他那流畅自然、男人味十足的歌声迷住了。在大家的鼓励下，那个小伙子放弃了弹奏乐器的艺人生涯，开始向流行歌坛进军。这个小伙子后来居然成了美国著名的爵士歌王，他就是著名的歌手 Nat King Cole。要不是那被逼无奈的开口一唱，他可能永远坐在酒吧里做一个三流的演奏者。

人摆错了位置就永远是庸才。其实很多时候是我们自己把自己当成了垃圾随地乱扔，荒废了自己的才能。我们现在身处市场经济的时代，市场经济的运作十分强调把资源配置到最能发挥效率的地方，我们自身也是一种资源，应该寻找最适合我们的岗位，并对自己的兴趣保持一份坚定与执着。

有一个生长在孤儿院中的小男孩，常常悲观地问院长："像我这样没人要的孩子，活着究竟有什么意思呢？"

院长总笑而不答。

有一天，院长交给男孩一块石头，说："明天早上，你拿这块石头到市场上去卖，但不是'真卖'，记住，无论别人出多少钱，绝对不能卖。"

第二天，男孩拿着石头蹲在市场的角落，意外地发现有不少人好奇地对他的石头感兴趣，而且价钱愈出愈高。

回到院内，男孩兴奋地向院长报告，院长笑笑，要他明天拿到黄金市场上去卖。在黄金市场上，有人出比昨天高 10 倍的价钱来买这块石头。

最后，院长叫孩子把石头拿到宝石市场上去展示。结果石头的身价又涨了 10 倍，更让人觉得不可思议的是由于男孩怎么都不卖，这块石头竟被传扬为"稀世珍宝"。

男孩兴冲冲地捧着石头回到孤儿院，把这一切告诉院长，并问为什么会这样。

院长望着孩子慢慢说道："生命的价值就像这块石头一样，在不同的环境下就会有不同的意义。一块不起眼的石头，由于你的珍惜、惜售而提升了它的价值，竟被传为稀世珍宝。孩子，你就像这块石头一样，只要自己看重自己，自我珍惜，生命就会有意义、有价值。"

的确，如果你自己都不把自己当回事，就更别指望别人的器重。生命的价值首先取决于你自己的态度。珍惜独一无二的你自己，珍惜这短暂的几十年光阴，然后再去不断拓展自己，世界才会认同你的价值。

印象派大师凡·高的画，许多人看过后都留下深刻的印象，他那黄色炽热的色彩和充满动感的线条，给予我们强烈的感受。凡·高有着坎坷的境遇，他从26岁才正式开始学画，他在给弟弟的信中说，我学习绘画很晚，而且我的生命很可能也只剩下10年的时间了，因此要加紧创作。果然，他在36岁就过世了，但是仅仅10年间却留给我们许多不朽的作品。在艺术上的成就，他并不比活了90多岁的毕加索逊色。

生命的价值不在于它的长短，而在于是否能摆正自己的位置，实现自我价值。

知识链接

梵·高

文森特·威廉·梵·高（1853—1890），中文又称"凡高"，荷兰后印象派画家。出生于新教牧师家庭，是后印象主义的先驱，并深深地影响了20世纪艺术，尤其是野兽派与表现主义作品。

其作品受法国现实主义画家米勒的影响后，融入了鲜艳的色彩与画风，创造了他独特的个人画风。他最著名的作品有《星夜》《向日葵》《有乌鸦的麦田》等，已跻身于全球最著名、最珍贵的艺术作品的行列。

梵高的作品目前主要收藏在法国的奥赛美术馆和苏黎世美术馆。

4. 找到自己最擅长的事

对很多人来说，如何打造自己是一个比较困难的问题，因为他们宁可相信别人，也不相信自己。其实，不必看轻自己，要相信你的能力是独一无二的。社会上大多数的人，只会羡慕别人，或者摹仿别人做的事，很少有人去认清自己的专

第三章
经营自己的优势

长、了解自己的能力，然后锁定目标全力以赴，这种人只能怪罪自己。

成功打造自己最好的方法是能够找到自己最擅长的职业。据调查，有28%的人正是因为找到了自己最擅长的职业，才彻底地掌握了自己的命运，并把自己的优势发挥到淋漓尽致的程度，从而把自己打造成一名成功者。这些人自然都跨越了弱者的门槛，而迈进了成功者之列；相反，有72%的人正是因为不知道自己的"对口职业"，而总是别别扭扭地做着不擅长的事，因此，不能脱颖而出，更谈不上成大事了。实际上大多数人都是平凡人，但大多数平凡人都希望自己成为不平凡的——成大事者，梦想成大事，才华获得赏识，能力获得肯定，拥有名誉、地位、财富。不过，遗憾的是，真正能做到的人，似乎总是不多。

如果你用心去观察那些成大事的成功者，几乎都有一个共同的特征：不论聪明才智高低与否，也不论他们从事哪一种行业、担任何种职务，他们都在做自己最擅长的事。

从很多例子可以发现，一个人的"成就"要来自他对自己擅长的工作专注和投入，无怨无悔地付出努力的代价，才能享受甘美的果实。

一位知名的经济学教授曾经引用三个经济原则做了贴切的比喻。他指出，正如一个国家选择经济发展策略一样，每个人应该选择自己最擅长的工作，做自己专长的事，才会胜任。换句话说，当你在与别人相比较时，不必羡慕别人，你自己的专长对你才是最有利的，这就是经济学强调的"比较利益"。这是第一个原则。

第二个是"机会成本"原则。一旦自己做了选择之后，就得放弃其他的选择，两者之间的取舍就反映出这一工作的机会成本，于是你必须全力以赴，增加对工作的认真度。

第三是"效率原则"。工作的成果不在于你工作时间有多长，而是在于成效有多少，附加值有多高。如此，自己的努力才不会白费，才能得到适当的报偿与鼓舞。

境遇是自己开创的，成功乃是自己造就的。你不必看轻自己，你要相信你的能力是独一无二的，你也许正在完成一件了不起的事，有朝一日，你或许真的可以变得"很不平凡"，而成为大家羡慕的成功者。

一个人做自己擅长的事，脚踏实地是获取成功的另一法宝。每个人在年轻的时候都会立志，有的人想当科学家、发明家或者大文豪，个个看起来志向远大，皆为成大事者之梦。年轻人难免都会"崇拜偶像"，希望找到学习的典型，但不是每个人都能当科学家、发明家。培养一技之长，一步一步去累积自己的个人资源，才是迈向成大事的成功之路的要素之一。

也就是说，一个人成功打造自己的工作方法在于：该花的心血一定要投入，该有的过程一定要经过。人生充满变数，一个人的成败与否，不单看他的资质，也要看他的毅力。人应该有梦想，否则就失去了奋斗的目标与方向，但成功打造自己的条件必须日积月累地做好准备，你可以立志做大老板、做大文学家，但绝对不要躺在那里等待。

5. 关键在于运用自己的优势

事实证明，只要努力去做，每个人都能成功。但是，现代成功学更认为，只要在最关键的地方发挥了自己的优势，那么就更容易事半功倍地获得成功。

在我们所处的特定环境中，只要发挥出了自己的优势，就完全可以取得在可能条件下的最大限度的成功。不管你抱有什么理想，想领先于什么领域，用自己的优势出击，都既不是高不可攀，也不是难以企及的。

第三章
经营自己的优势

不论你负责的是一家万人以上的企业，还是你只管理自己，你都可以积极地去影响你家人的生活、领导的生活、同事的生活和朋友的生活；而更重要的是，你可以积极主动地决定自己生活的道路。

假使你只有一只脚，便不会勉强去做一个赛跑者；假使你的面貌长得不端正，也不会参加选美比赛。换句话说，一个人在某方面不具备优势时，就不要硬在这方面与人一争短长。

美国第32届总统富兰克林·罗斯福，这位伟大的人物，也勇于承认自己在演说上的弱点。他说："我是一个很坏的演讲家，从来不能以词动人，在用词方面常常要踌躇很久，还难得用词恰当。然而我还是能够表达我的意思的。"

他提出议案多半用间接、和缓的方法，他发表的意见也是平和的，他还能承认自己的错处。他的弱点告诉了他一个很重要的教训，那便是：只用辩论绝对得不到胜利。假使他擅长演讲，就绝不会获得这个有价值的教训。

如果你决定要战胜一个困难，首先要正确认识自己，然后你要能心甘情愿地、不断地干下去，以达到你的目的。

人生 也需要不断改革

人或多或少都有一些缺陷，但就要因此而自卑吗？真的勇士敢于直面惨淡的人生。有道是："天将降大任于斯人也，必先苦其心志，劳其筋骨，饿其体肤，空乏其身，行拂乱其所为，所以动心忍性，曾益其所不能。"伟大人物确实令人敬仰，看上去，他们似乎超人一等，有极高的天赋，有不凡的机遇。但如果你这样看待成功人士，那么你绝对错了。

请记住：人人都能成功，你也能成功。你将成为你所在行业最出众的人物，你将获得名誉、金钱、权力或者智慧，只要你想要得到的，你都能得到。关键在于你能否把握住你的优势，是否会运用自己的优势。

6.发挥你的优点而不是克服你的缺点

爱因斯坦在20世纪50年代曾收到一封信，信中邀请他去当以色列的总统。出乎人们意料的是，爱因斯坦竟然拒绝了。他说："我整个一生都在同客观物质打交道，因而既缺乏天生的才智，也缺乏经验来处理行政事务及公正地对待别人，所以，本人不适合担任如此高官重任。"

人们除了应该学习爱因斯坦谦虚的处世作风外，还应该领悟人生的诀窍就是经营自己的长处，这是因为经营自己的长处能给你的人生增值，经营自己的短处会使你的人生贬值。正如富兰克林所说："宝贝放错了地方便是废物。"把自己想做什么、能做什么，社会需要做什么，综合加以分析，找出最佳结合点，正确作出职业选择，你就迈出了人生事业发展的第一步。

莫里哀和伏尔泰都是失败的律师，但前者成了杰出的文学家，而后者成了伟大的启蒙思想家。卡莱尔说："发现自己天赋所在的人是自信的，他不再需要其他的福佑。他有了自己稳定的职业，也就有了一生的归宿；他找到自己的目标，并将执着地追寻这一目标，奋力向前。"

进入21世纪的科技人才要有两个专长，又叫"兀"形结构。一横代表你的

第三章 经营自己的优势

知识面要宽，懂知识，又要有实践经验；左边一撇是技术专长；右边一竖钩是管理专长、领导艺术专长。

美国著名的成功励志导师、20世纪初著名的成功学奠基人斯维特·马尔登说："我们在构筑自己目标的时候，也要充分考虑自己的个性、习惯。"如果你有自知之明，善于设计自己，从事你最擅长的工作，你就会成功。如达尔文学习数学、医学呆头呆脑，一接触到动植物却灵光焕发。伦琴原来学的是工程科学，在老师的影响下，他做了一些物理实验，逐渐感觉到自己干这一行最适合，后来终于成了一个有成就的物理学家。

德国作曲家亨德尔在尚未学会说话时就开始学习演奏乐器。10岁时就创作了6首乐曲。亨德尔的父亲是宫廷理发师，他希望儿子成为律师，看到儿子如此爱好音乐，他十分担忧，并采取了严厉的措施，禁止儿子演奏乐器，甚至不让儿子上小学，因为小学有音乐课。可亨德尔为了自己心爱的音乐，克服了父亲的阻力，白天不行，他就在夜深人静时起来练琴，为了不被人发觉，只好不出声地练。他终于成为与巴赫齐名的音乐巨匠。

美国著名成人教育家戴尔·卡耐基说："每一个人都应该努力根据自己的特点来设计自己、量力而行。根据自己的环境、条件、才能、素质、兴趣等，确定

进攻方向。"

不要埋怨环境与条件，应努力寻找有利条件；不能坐等机会，要自己创造条件；拿出成果来，获得社会的承认，事情就会好办一些。我们选择职业时，要注意的是特长与职业的匹配。比如擅长形象思维的人，较适合从事文学艺术方面的职业和工作；擅长逻辑思维的人，较适合从事哲学、数学等理论性较强的研究工作；擅长具体思维的人，则比较适合从事机械修理等方面的工作。

小罗伯特·帕克20岁时，常常去法国东部斯特拉斯堡大学看望在那里就读的未婚妻帕特里克。他回忆道："当我们一起外出就餐时，我想喝可口可乐，但它要一美元一小瓶。于是，我们就改喝较便宜的佐餐葡萄酒，而我对这种以前从未尝过的饮料着了迷。"以后，他每星期要花1200美元用于购酒，而其中大部分最后都被倒掉。如此浪费，正是这位39岁的品酒家的成功之道。放弃了律师生涯而成为专业品酒家之后仅两年，他在制酒业中的地位已是举足轻重。他创办的报纸《畅饮者》在全球几十个国家发行。他写的名为《波尔多》的处女作图书在美国大卖，之后还在法国和英国出版。

世界首富比尔·盖茨在谈到成功的秘诀时说："做你所爱，爱你所做。"

要选择好工作，首先要问问你自己的兴趣所在。"我喜欢做什么？我最擅长做什么？"篮球飞人乔丹成名前在一家二流职业棒球队打棒球，成绩一般，只好悻悻而归。而后在篮球方面却发挥了他的天才。可见，一个人要成功，必须找准个人能力和职业的最佳结合点。要找准最佳结合点，更多的时候还是要靠自我发现。台湾著名漫画家朱德庸25岁红透宝岛，《双响炮》《涩女郎》《醋溜族》

等作品在我国台湾地区深受喜爱；在大陆，他的漫画也非常畅销。可小时候的他却是一个问题少年，并认为自己非常笨。

人生的诀窍在于经营自己的长处，找到发挥自己优势的最佳位置。

美国微软公司总裁比尔·盖茨，哈佛大学没读完就经营他的电脑公司去了，他的成功令人刮目相看、赞叹不已。再如英国近百年来最年轻的首相梅杰，47岁登上首相宝座，为世人所瞩目。然而他年轻时并无过人的聪明之处，16岁时因成绩不好而退学，后又因心算差未被录取为公共汽车售票员。对此有许多人想不通：一个连售票员都不能胜任的人怎么当了首相？针对这种怀疑，梅杰在一次谈话中回答说："首相不是售票员，用不着会心算。"

从这里我们可以看出，一个人事业成功与否，在很大程度上是取决于自己能不能扬长避短，善于经营自己的长处。"尺有所短，寸有所长"，每个人都有自己的长处。

"条条道路通罗马""此门不开开别门"。世界上的工作千万种，对人的素质要求各不相同，干不了这个可以干那个，总可以找到自己的发展天地。只要善于经营自己的长处，并且奋力拼搏，一定会取得成功，创造辉煌。天无绝人之路，"大路朝天，各走一边"。只要你善于发掘自己的潜力，发挥自己的优势，经营自己的长处，就能找到发展自己的最佳道路。

知识链接

戴尔·卡耐基

戴尔·卡耐基（1888—1955），生于美国密苏里州玛丽维尔附近的一个小镇。美国著名人际关系学大师，美国现代成人教育之父，西方现代人际关系教育的奠基人，被誉为是20世纪最伟大的心灵导师和成功学大师。1936年出版的作品《人性的弱点》，一直以来被西方世界视为社交技巧的圣经之一。

卡耐基的主要代表作：《沟通的艺术》《人性的弱点》《人性的优点》《快乐的人生》《伟大的人物》《语言的突破》《美好的人生》《林肯传》《人性的光辉》等。

7. 明确自己的优势所在

要想真正发挥自己的优势，就要先认清自己的真面目。也只有明确自己的优势所在，自己才能决定该做什么，该从哪些方面努力。

美国成功学大师戴尔·卡耐基在他所举办的成人教育课堂中，经常讲到下面这个故事：

"有一天，一个流浪汉来到我的办公室，要求与我谈谈。他说，昨天下午他本已经决定跳进密歇根湖，了此残生。但不知是谁，也许是命运之神，把一本我多年以前写的书放入他的口袋。这本书给他带来了勇气和希望，并支持他度过昨天夜晚。他还说，只要他见到这本书的作者，他相信一定能帮助他再度站起来。我问他，我能替他做什么。

"在他说话的时候，我从头到脚把他打量了一遍，我不得不坦白地承认，在我内心深处，我并不相信我能替他做些什么。他脸上沮丧的皱纹、眼中茫然的神情，他的身体姿势、脸上十天未刮的胡须，以及他那紧张的神态，完全向我显示出，他已经无药可救了。但我不忍心对他这样说。因此，我请他坐下来，要他把他的故事完完整整地告诉我。他说得很详细，其中要点如下：他把他的全部财产投资在一种小型制造业上。1914年，第一次世界大战爆发，使他无法取得他的工厂所需要的原料，因此他只好宣告破产。金钱的丧失，使他大为沮丧，于是，他离开了妻子和儿女，成为一名流浪汉。他对于这些损失一直无法忘怀，而且越来越难过。到最后，甚至想自杀。

"他说完他的故事后，我对他说：'我已经以极大的兴趣听完你的故事，我希望我能对你有所帮助，但事实上，我却没有能力帮助你。'

"他的脸立刻变得苍白。他低下头，喃喃地说道：'这下子完蛋了。'

"我等了几秒钟，然后说道：'虽然我没有办法帮助你，但我可以介绍你去见本大楼的一个人,他可以协助你东山再起!'我刚说完这句话,他立刻跳了起来,抓住我的手,说道:'看在老天爷的分上,请带我去见这个人。'

"他会为了'老天爷的分上'而做些要求,这实在是很令人鼓舞的。这显示他心中仍存在着一丝希望。所以,我引导他来到我的实验室里。和他一起站在一块看来像是挂在门口的窗帘布前。我把窗帘布拉开,露出一面高大的镜子,他可以从镜子里看到他的全身。

"我用手指着镜子说:'我答应介绍你跟他见面,就是这个人。在这世界上,只有这个人能够使你东山再起,除非你坐下来,彻底认识这个人,否则,你只能跳到密歇根湖里,因为在你对这个人作充分的认识之前,对于你自己或这个世界来说,你都将是个没有任何价值的废物。'

"他朝着镜子向前走了几步,用手抚摸他长满胡须的脸孔,对着镜子里的人从头到脚地打量了几分钟,然后后退几步,低下头,开始哭泣起来。我知道我的忠告已经发挥功效了,便送他离去。

"几天后,我在街上碰见了这个人,我几乎都认不出他来。他的步伐轻快有力,头抬得高高的。他从头到脚打扮一新,看起来很成功的样子,而且他也似乎

有些感觉。

"他解释说:'我正要到你的办公室去,把好消息告诉你。那一天我离开你的办公室时,还只是一个流浪汉。但是,虽然我的外表落魄,我仍然替自己找到了一项年薪3000美元的工作。想想,老天爷,一年3000美元。我的老板并且先预支了一些薪水给我,要我去买些新衣服,还让我先寄一部分钱回去给我的家人。我现在又走上成功之路了。我正要去告诉你,将来有一天,我还要再去拜访你一次。我将带去一张支票,签好字,受款人是你,金额是空白的,由你填上数字。因为你介绍我认识了自己,幸好你要我站在那面大镜子前,把真正的我指给我看。'

"那人说完话后,转身走入芝加哥拥挤的街道,这时,我终于发现了:在从来不曾发现'自立'价值的那些人的意识中,原来隐藏了伟大的力量和各种潜能。"

一个人没有认清自己的真面目,不能深明自己的优势所在,就不能把命运掌握在自己手中,也就不可能取得成功。

第四章 管理自己的人生目标

人生 也需要不断改革

1. 没有目标就没有希望

三只青蛙掉进鲜奶桶中。

第一只青蛙说:"这是命。"于是它盘起后腿,一动不动,等待着死亡的降临。

第二只青蛙说:"这桶看来太深了,凭我的跳跃能力,是不可能跳出去的。今天死定了。"于是,它沉入桶底淹死了。

第三只青蛙打量着四周说:"真是不幸!但我的后腿还有劲,我要找到垫脚的东西,跳出这可怕的桶!"于是,它一边划一边跳。慢慢地,鲜奶在它的搅拌下变成了奶油块。在奶油块的支撑下,这只青蛙奋力一跃,终于跳出了奶桶。

正是明确的目标——"要找到垫脚的东西,跳出这可怕的桶"——救了第三只青蛙的命。

为了证明树立目标的重要性,就让我们再来假设一场生死攸关的篮球冠军争夺战中的一个场景。两支球队在做了赛前热身运动后,为投入比赛做好了身体上的准备。然后队员们返回到更衣室,教练给他们面授行动前最后的"机宜",下达最后的指示。他告诉队员们:"伙计们!这是最后一战,成败就在此举,我们要么会青史留名,要么默默无闻,结果就取决于今晚!没有人会记得第二名!整个赛季的成败就在今晚!"

队员们士气高涨,一个个像被打足了气的皮球。当他们冲出门跑向球场时,几乎要把门从框上扯下来。可当他们来到球场上时却愣住了,一个个大惑不解,十分沮丧和恼怒。原来他们发现球篮不见了。他们愤怒地大叫:"没有球篮我们怎么打球?"因为没有球篮,他们就没法知道比分,就无法知道他们的球是否命中,更无法知道他们的比分是否多于对手。总之,没有投球的目标,他们就无法进行比赛。

球篮对于篮球比赛相当重要,对吧?那你呢?你是否也在打一场没有球篮的比赛？如果是这样，你的得分是多少？

在为老年人开办疗养院里，有一种现象：每当节假日或一些特殊的日子，像结婚周年纪念日、生日等来临的时候，死亡率会戏剧性地降低。他们中有许多人为自己立下一个目标：要再多过一个圣诞节、一个纪念日、一个国庆日等。等这些日子一过，心中的目标、愿望已经实现，继续活下去的意志就变得微弱了，死亡率便立刻升高。

生命是可贵的，并且只有在它还有一些价值的时候去行动了，去实现它的价值，才能得以延续下去。事实上，每个人都知道在生活中树立目标的重要性，然而，或是受别人影响，或是出于对生活的漠然，大多数人都在跟着茫茫人海中，漫无目的地走过人生。

2. 明确的目标指引前进的方向

生活中有不少人，有些甚至是相当出色的人，就是由于确立的目标不明确、不具体而一事无成。很多时候，明确的目标就如同一面旗帜，指引着人们前进的方向。

罗杰·罗尔斯是美国纽约州历史上第一位黑人州长，他出生在纽约声名狼藉的大沙头贫民窟。这里环境肮脏，充满暴力，是偷渡者和流浪汉的聚集地。在这儿出生的孩子，耳濡目染，他们之中很多人从小就逃学、打架、偷窃，甚至吸毒，长大后很少有人从事体面的职业。然而，罗杰·罗尔斯是个例外，他不仅考入了大学，而且成了州长。在就职记者招待会上，一位记者对他提问："是什么把你推向州长宝座的？"面对三百多名记者，罗尔斯对自己的奋斗史只字未提，只谈了他上小学时的校长——皮尔·保罗。

1961年，皮尔·保罗被聘为诺必塔小学的董事兼校长。当时正值美国嬉皮士流行的时代，他走进大沙头诺必塔小学的时候，发现这儿的穷孩子比"迷惘的

人生 也需要不断改革

一代"还要无所事事。他们不与老师合作、旷课、斗殴，甚至砸烂教室的黑板。皮尔·保罗想了很多办法来引导他们，可是没有一个是有效的。后来他发现这些孩子都很迷信，于是在他上课的时候就多了一项内容——给学生看手相。他用这个办法来鼓励学生。

当罗尔斯从窗台上跳下，伸着小手走向讲台时，皮尔·保罗说："我一看你修长的小拇指就知道，将来你是纽约州的州长。"当时，罗尔斯大吃一惊，因为长这么大，只有他奶奶让他振奋过一次，说他可以成为五吨重的小船的船长。这一次，皮尔·保罗先生竟说他可以成为纽约州的州长，着实出乎他的预料。他记下了这句话，并且相信了它。

从那天起，"纽约州州长"就像一面旗帜，罗尔斯的衣服不再沾满泥土，说话时也不再夹杂污言秽语。他开始挺直腰杆走路，在以后的40多年间，他没有一天不按州长的身份要求自己。51岁那年，他终于成了州长。 目标能帮助我们事前谋划，目标迫使我们把要完成的任务分解成可行的步骤。要想制作一幅通向成功的交通图，你就要先有目标。

要想取得成功，就必须制订远大的目标。

许多年前，某报曾做过300条鲸鱼突然死亡的报道。这些鲸鱼在追逐沙丁鱼，不知不觉被困在一个海湾里。"这些小鱼把海上巨人引向死亡。鲸鱼因为追逐小利而暴死，为了微不足道的目标而空耗了自己的巨大力量。"

没有远大目标的人，就像报道中的那些鲸鱼。有很多失败者，他们有巨大的力量与潜能，但他们把精力放在小事情上，而小事情使他们忘记了自己本应做什么。

史蒂芬·柯维说得好："要发挥潜力，你必须全神贯注于自己有优势并且会有高回报的方面。"远大的目标能促使我们集中精力。另外，

第四章
管理自己的人生目标

当我们不停地在自己有优势的方面努力时，这些优势会进一步发展。最终，在达到目标时，成为什么样的人比得到什么东西重要得多。

人们处事的方式主要取决于他们怎样看待自己的目标。当一个人觉得自己的目标并不重要时，他会认为达到目标所付出的努力就没有什么价值。如果他觉得自己的目标很重要，情况就会相反。成功者必须把目标建立在自己的理想上面。如果他的各个目标组成了他所珍视的理想，那么他就会觉得为之付出的努力是有价值的。

制定目标的一个最大的好处是有助于人们安排工作的轻重缓急。目标不明确，人们很容易陷进跟理想无关的现实事务当中。一个忘记最重要事情的人，会成为琐事的奴隶。史蒂芬·柯维曾经说过："智慧就是懂得该忽视什么东西的艺术。"

虽然目标是朝着将来的，是有待将来实现的，但目标使我们能把握住现在。为什么呢？因为这样能把大的任务看成是由一连串小任务或小的步骤组成的。要实现任何理想，就要制定并且达成一连串的目标。每个重大目标的实现都是几个小目标小步骤实现的结果。所以，如果集中精力于当前手上的工作，心中明白我们现在的种种努力都是为实现将来的目标铺路，我们就能成功。

目标明确了，我们就能更好地与人沟通。想一想我们见过或听说过的那些善于与人沟通的人吧。他们有一个共同特点就是能把复杂的事情用简单的语言清楚地表达出来。换言之，他们的思想有条理、有重点。这样，人们更能理解他们所说的话。制定目标也起着类似的作用。目标能使我们对将来的种种成功构想有条理。因为这些构想有条理，有重点，我们向别人讲述时就会容易说得清楚。别人也容易理解，我们就容易得到支持。

有些公司运作欠佳，问题是员工缺乏工作热情。这些人看似终日兢兢业业，但心中除了完成日常工作外，并无明确的目标。没有热情的人是不会有大作为的。相反，一个机构里的员工心中拥有明确的目标的话，大家就有士气，热情高涨。目标能使他们心中的想法更具体化、更易实现。同事们就能明确要瞄准什么，干起活来心中有数。

不成功者有个共同的问题，他们极少评估自己取得的进展。他们大多数人或是不明白自我评估的重要性，或者无法量度取得的进步。目标提供了一种自我评估的重要工具。如果你的目标是具体的，看得见摸得着的，你就可以根据自己距

人生 也需要不断改革

离最终目标有多远来衡量目前取得的进步。有了目标，我们就不会像下面这个制作自己最新发明模型的发明家一样。

这个模型有无数的飞轮、齿轮、滑轮和电灯，一按电钮，就动起来，而且灯会亮。有人问："这个机器是干什么用的？"发明家回答说："它不干什么。但是，这机器的运转不是挺优美的吗？"

18世纪发明家兼政治家富兰克林在自传中说："我总认为一个能力很一般的人，如果有个好计划，是会有大作为，为人类作出大贡献的。"

成功人士总是事前决断，而不是事后补救。他们提前谋划，而不是等别人的指示，他们不需要其他人操纵他们的工作进程。不事前谋划的人是不会有进展的。

3. 用崇高的目标引导生活

生活中没有固定目标的人，他的言行举止很容易受到情绪的影响，哪怕是一件微不足道的事情，也会让他烦恼、恐惧、忧虑。他的承受力就像一根苇草一样脆弱，任何的风吹草动，都足以使他摧折。干任何事情，他总是要左顾右盼，前怕狼后怕虎，他不可能有坚强的毅力和顽强的斗志，最终他也不能逃脱失败和不幸。

因此，软弱无能往往是和生活没有目标联系在一起的。只有树立一个切实可行的目标，并通过坚持不懈的努力，才能使自己变得越来越有力量，才能使自己逐渐成熟起来。

坚持一贯的目标是十分重要的。一个人即使迟钝愚蠢，只要他锲而不舍，持之以恒，也会取得一定的成绩。莎士比亚指出："一棵质地坚硬的橡树，即使用一柄小斧去砍，那斧子虽小，但如砍个不停，终必把树砍倒。"

19世纪英国有名的学者首相迪士累利先生说过："不向上看的人往往向下看，精神不能在空中翱翔就注定要匍匐在地。"英国诗人乔治·哈伯特极有见地地写道："地位低下的人，如果把目标定得较高，他也可以成为一个高尚的人；不要让精神消沉，一个壮志凌云的人肯定会比一个胸无大志的人更有出息。"

第四章
管理自己的人生目标

一个具有崇高生活目的和思想目标的人，毫无疑问会比一个根本没有目标的人更有作为。有句苏格兰谚语说："扯住金质长袍的人，或许可以得到一只金袖子。"那些志存高远的人，所取得的成就必定远远高于起点。即使目标没有完全实现，为之付出的努力本身也会让人受益终身。

一个人如果在他的一生中，对自己所追求的目标全力以赴，全身心投入，把它当做自己至高无上的义务，他就不会因为一些暂时的幻想和欲望而迷失前进的方向，就不会让任何疑虑、恐惧成为自己的绊脚石。他就会懂得自我克制并自觉抵制来自其他各方面的诱惑，他会把每次的失败看做是通向成功的新起点，他会在一次次的失败中练就越挫越奋的坚强性格。即使最终还是失败了，他也不会自责，因为他已经尽力而为，无怨无悔。

如果一个人的头上缺少了一颗指路明星——目标或者说理想，那么，他就成了行尸走肉，他的生活就只不过是醉生梦死。这样的人虽然活着，实际上已经死了。

4. 如何确定人生的奋斗目标

每个人的心中都有着无数的欲望和梦想，但是，并不是所有的人都能脱颖而出，成为杰出的佼佼者，这其中的原因大多是没有将这种欲望与梦想明确为具体的人生目标。

梦想是比较模糊的，短暂的，具有强烈的不确定性。有些人今天对自己的未来充满着憧憬，但也许一夜之间，就忘得一干二净，又重新对另一种生活开始执着起来。

而目标能够帮助你将这种梦想的不确定性消除，使你前进的道路变得有序和清晰，每一阶段的任务都一层层推开展现在你的面前，让你知道如何去行动。远大的目标是人生成功的磁石。人的目标愈高远，成就会愈大。我们都有这样的体会，当确定只走十公里的路程，走到七八公里处便会因松懈而感到很累，因为目标快到了；但如果要求走二十公里，那么，在七八公里处则正是斗志昂扬之时。

人生 也需要不断改革

所以，远大的目标才能产生更深的远见，才可以追求更大的成功和幸福。

远大的美好的人生目标能吸引人努力为实现它而奋斗不止。每当你懈怠、懒惰的时候，它犹如清晨叫早的闹钟，将你从睡梦中惊醒；每当你感到疲惫、步履沉重的时候，它就似沙漠之中生命的绿洲，让你看到希望；每当你遇到挫折、心情沮丧的时候，它又犹如破晓的朝阳，驱散满天的阴霾。在人生目标的驱策下，人们能不断地激励自己，获得精神上的力量，焕发出超强的斗志。能执着于自己目标的人是不可打败的。

曾有人巧妙地把人生比喻为一条船。在人生的海洋中，大约有95%的船是无舵船。他们总是漫无目的地漂泊，面对风浪海潮的起伏变化，他们束手无策，只有听其摆布，任其漂流。结果他们要么触岩，要么撞礁，以沉没而告终。

还有5%左右的船，他们有方向、有目标，又研究了最佳航线，同时学习了航海技巧。这些船从此岸到彼岸，从此港到彼港，有计划地前进。那些无舵船一辈子航行的距离，他们只要两三年就达到了。他们像现实中的船长一样，既熟知下一个停泊或通过的港口，也深知航船的目的地。即使航行的目的地暂不明确（譬如探险航行），也能清楚地知道目标的特性、目的地上应有什么和现在航行在什么水域。如果出现狂风巨浪，或者其他意想不到的天灾人祸，他们不会慌张，因为他们知道，只要把应做和能做的都做到，那么抵达目的地就是确定无疑的事。

一个人若是没有明确的目标，以及实现这项明确目标的明确计划，不管他如何努力工作，都像是一艘失去方向的航船。一个人过去或现在的情况并不重要，将来想要获得什么成就才最重要，除非对未来有理想，否则做不出什么大事来。目标是对于所期望成就的事业的真正决心，目标比幻想好得多，因为它可以实现。

无目标地飘荡终归会迷路，而心中本来就有的无限的潜能宝藏也终会因疏于开采而逐渐贫瘠。许多人无法实现他们的人生理想，起因就在于他们从来没有真正定下生活的目标。

有一位父亲带着三个孩子到沙漠去猎杀骆驼。

他们到达了目的地。

父亲问老大："你看到了什么呢？"

老大回答："我看到了猎枪、骆驼，还有一望无际的沙漠。"

父亲摇摇头说："不对。"

第四章 管理自己的人生目标

父亲以相同的问题问老二。

老二回答:"我看到了爸爸、大哥、弟弟、猎枪、骆驼,还有沙漠。"

父亲又摇摇头说:"不对。"

父亲又以同样的问题问老三。

老三回答:"我只看到了骆驼。"

父亲高兴地说:"答对了。"

朝着目标走去是人生之"志",一鼓作气中途决不停止是立世之"气"。两者结合起来就是志气。一切事业的成败都取决于此。

自己无法下定决心迈向目标,亦即自己无法掌握明确目标的人,是绝对不可能成功的。只有那些不满足于现状、渴望着点点滴滴地改进自己、时刻希望攀登上更高层次的人生境界,并愿意为此挖掘自身全部潜能的人,才有希望到达成功的巅峰。

井下是一位拥有出色业绩的推销员,可是他一直都希望能跻身于最高业绩的行列中。但是一开始这只不过是他的一个愿望,从没真正去争取过。直到三年后的一天,他想起了一句话:"如果让愿望更加明确,就会有实现的一天。"

于是,他当晚就开始设定自己希望的总业绩,然后再逐渐增加,这里提高5%,那里提高10%,结果顾客却增加了20%,甚至更高。这激发了井下的热情。从此他不论什么状况,任何交易,都会设立一个明确的数字作为目标,并在一两个月内完成。

"我觉得,目标越是明确越感到自己对达成目标有股强烈的自信与决心。"井下说。他的计划里包括"我想得到的地位、我想得到的收入、我想具有的能力",然后,他把所有的访问都准备得充分完善,相关的业界知识加之多方面的努力积累,终于在第一年的年终,他使自己的业绩创造了空前的纪录,以后的年头效果更佳。

井下自己得出一个结论:"以前,我不是不曾考虑过要扩展业绩、提升自己的工作成就。但是因为我从来只是想想而已,不曾付诸行动,当然所有的愿望都落空了。自从我明确设立了目标,以及为了切实实现目标而设定具体的数字和期

人生 也需要不断改革

限后，我才真正感觉到，强大的推动力正在鞭策我去达成它。"

胜者具有明确的人生目标。败者相反。如果我们不知道现在正往哪里走，我们怎能指望到达目的地呢？那么，该怎么确定人生的奋斗目标呢？下面的几点建议可供参考。

（1）目标应该是明确的

有些人也有自己奋斗的目标，但是他的目标是模糊的、泛泛的、不具体的，因而也是难以把握的，这样的目标同没有差不多。

比如，一个人在青少年时期确定了要做一个科学家的目标，这样的目标就不是很明确。因为科学的门类很多，究竟要做哪一个学科的科学家，确定目标的人并不是很清楚，因而也就难以把握。

目标不明确，行动起来也就有很大的盲目性，就有可能浪费时间和耽误前程。

生活中有不少人，有些甚至是相当出色的人，就是由于确立的目标不明确、不具体而一事无成。

（2）目标应该是实际的

一个人确立奋斗的目标，一定要根据自己的实际情况来确定，要能够发挥自己的长处。

如果目标不切实际，与自己的自身条件相去甚远，那就不可能达到。为一个不可能达到的目标而花费精力，同浪费生命没有什么两样。

（3）目标应该是专一的

一个人确定的目标要专一，而不能经常变换不定。

确立目标之前需要作深入细致的思考，要权衡各种利弊，考虑各种内外因素，从众多可供选择的目标中确立一个。

一个人在某一个时期或一生中一般只能确立一个主要目标，目标过多会使人无所适从，应接不暇，忙于应付。

生活中有一些人之所以没有什么成就，原因之一就是经常确立目标，却又经常变换目标，所谓"常立志"者就是这样一种人。

（4）目标应该是特定的

确定目标不能太宽泛，而应该确定在一个具体的点上。如同用放大镜聚集阳光使一张纸燃烧，要把焦距对准纸片才能点燃。如果不停地移动放大镜，或者对不准焦距，都不能使纸片燃烧。

这也同建造一座大楼一样，图纸设计不能只是个大概样子，或者含糊不清，而必须在面积、结构、款式等方面都是特定和具体的。目标应该用具体的细节反映出来，否则就显得过于笼统而无法付诸实施。

（5）目标应该是长期的

一个人要取得巨大的成功，就要确立长期的目标，要有长期作战的思想和心理准备。任何事物的发展都不是一帆风顺的，世界上没有一蹴而就的事情。

有了长期的目标，就不怕暂时的挫折，也不会因为前进中有困难就畏缩不前。许多事情，不是一朝一夕就能做到的，需要持之以恒的精神，必须付出时间和代价，甚至一生的努力。

（6）目标应该是远大的

目标有大小之分，这里讲的主要是有重大价值的目标。只有远大的目标，才会有崇高的意义，才能激起一个人心中的渴望。

一个人确定的目标越远大，他取得的成就就越大。远大的目标总是与远大的理想紧密结合在一起的，那些改变了历史面貌的伟人，无一不是确立了远大的目标，这样的目标激励着他们时刻都在为理想而奋斗，结果他们成了名垂千古的伟人。

5. 关于确定目标的四件大事

你的世界是要改变的，你有能力选择你的目标。当你以积极的心态确定你的目标时，你会自然而然地倾向于应用下列成功学的基本原则：个人的首创精神、自制能力、创造性的见识、正确的思考、集中注意力等。

要做就做最好的，已经够好了请努力去做得更好。冠军是我们不懈的追求。我们的目的就是：冠军！

人生 也需要不断改革

要牢记以下四件重要的事项：

（1）写下你的目标

当你书写时，你的思维活动会自然地使目标在你的记忆中产生一种不可磨灭的印象。

（2）给你自己确定时限，安排达到目标的时间

这一点的重要性在于激励你自己不断地向目标迈进。

（3）把你的目标定得高一些

须知达到目标的难易程度与你付出的努力之间有着直接的关系。一般说来，你把你的主要目标定得愈高，你为达到这个目标的努力也就要愈集中。

（4）胸怀壮志

树立人生更高的目标，不断地向自己提出更高的要求。因为很明显的事实是，更高的目标将激励人们奋起战斗。

6. 如何制定成功的目标

只有拥有梦想的人才能建立好的人生目标，也更坚定不移，无暇使情绪转坏。那么怎样制定成功的目标呢？可以参考以下四个因素。

（1）适应社会需要

任何人才的成功，都是顺应历史潮流，按照时代方向努力奋斗的结果。人才具有鲜明的时代特征。现代社会需要各个领域、各种类型、各个层次的人才。如果哪一个领域、哪一种类型、哪一个层次出现空白，那就是社会需要为你提供了成才的机会。社会发展需要弄潮儿而不是隐者，如果你偏偏喜欢做隐者，那恐怕连基本温饱都成问题。所以，只有自己的目标与社会需要相一致，才可能成长起来。

（2）发挥最佳才能

每个人都有多种才能。这些才能可分为最佳才能、较佳才能、一般才能。成

才者，通常是最佳才能或较佳才能与成才目标一致发展的结果。就人才而言，成才有三种类型：再现型、发现型、创造型。再现型人才善于积累知识；发现型人才驾驭知识的能力强，并时常有所发现；创造型人才具有敏锐的洞察力和丰富的想象力，一些重大发明和突破，往往产生于他们手中。但"发现自己"并非易事，自己属于哪一种才能类型，哪一种才能是自己的最佳发展才能，往往需要经过反复实践才能发现。

（3）发展性格优势

一个人已经形成的性格，如果与自己的职业、目标不相适应，尽管其他主客观条件都已具备，仍难以达到理想的目标。一般说来，开朗、活泼、热情、温和，比较适于当演员和从事社交活动；多疑好问、深沉、严谨、求实，比较适于治学；勇敢、沉着、果断、顽强，比较适于当军事家或领导人。立志成才者应权衡自己的性格特征，发挥"性格优势"，扬长避短，方可取胜。

（4）满足兴趣

人们往往既有广泛的兴趣，又有一个比较稳定、持久的中心兴趣。中心兴趣能使人获得深远的知识，发展某个方面的特殊才能，使活动富有创造性。成果多结在中心兴趣的延伸线上，这几乎已成为一条规律。

7. 如何确定生活目标

闭上眼睛1分钟，想象一下从现在开始，10年后你的生活是什么样子。要对自己有信心。确定一个能满足你生活需要和渴望的财政目标是很重要的。有人曾经说过："无论你是贫穷还是富裕，有钱都不会是一件坏事。"在生活中，经

人生 也需要不断改革

济充裕总比一味奔波着挣钱以维持生计的情况好得多。

你可能曾看过报纸上报道的一个故事。一个美国加利福尼亚的小女孩，在21岁生日时收到一个特殊的生日蛋糕。在21支蜡烛的每一支周围，都卷着一张一千元的支票。几天后，他的父母却看到了年轻女孩的尸体。在她的手里攥着一封遗书，上面写着："你们给了我生活所需要的全部，但却没有给我生活的理由和目标。"多么让人悲哀的惨剧！

在选择生活目标的时候，你必须回答出以下三个重要的问题：

（1）我是谁？

一个简单的练习就能帮助你回答出这个问题。你可以通过写一段简单的文字来说明你是谁——但有以下几个条件：不能写出你的姓名、年龄、学历、地址、简历或平时你最常用来形容自己的词语。确实有关的问题就是："你是一个什么样的人？"

（2）我在这里干什么？

你希望一生中能够作出什么贡献？是使自己的个人生活更富足，让我们生存的世界更加美好吗？为自己写一个你喜欢的座右铭。用简练的语言表达出，当你去世的时候，世人会怎样谈起你。

（3）我的目标在哪里？

在前两项练习的基础上，可以用一个简单的句子归纳出你一生追求的目标。现在，用1-10的等级来打分，评估一下自己，看在你已明确的目标方面，表现得如何。

当你确立你生活的目标时，要知道，你的生活中有很广阔的发展空间。做好下面的选择对你来说是很重要的：

事业——它不仅会带给你经济方面的报偿，而且能满足你的深层次非精神需求，使你体会出生活的意义。

个人和家庭关系——它们可以让你的生活充满爱意。

团体和宗教的目标——它们可以同时满足你在精神和为他人作贡献方面的需求。

文化和娱乐的目标——它们可以丰富你的生活，让你的生活充满乐趣。

第五章 成功人生需要计划

人生 也需要不断改革

1. 计划是行动之父

成功需要计划，需要安排，还需要一定的程序。成功的程序通常是志愿、意图、计划、行动、力量、效果。没有雄心壮志，就不会有超越时空的意图；没有超越时空的意图，就不会有无可比拟的计划；没有无可比拟的计划，就没有坚定果敢的行动和力量；没有坚定果敢的行动和力量，就难以取得伟大的效果。从古至今，大事小事皆如此。

所以说，计划是行动之父，行动是成功（效果）之母。

黄帝百战征伐，周公礼典政制，秦始皇修筑长城，隋炀帝开掘运河，都是造福子孙后代的伟大行动。这些行动都影响着中华民族的千秋伟业，如果他们没有远大的雄图和计划，就不会产生巨大的力量，也不会取得伟大的效果。

英国百年战争、美国独立革命、中国辛亥革命、法国大革命、日本明治维新、土耳其复兴运动，都是由于领导者有远大的计划和宏大的志愿，才有划时代的丰功伟业，成为后世景仰的纪念碑。

在一个远大的计划之中，每一件大事都有它的计划，分门别类，按部就班。而每一个大计划又有若干阶段的独立计划，每一个独立计划，前后彼此，都有着密切的联系，并且是相互衔接的。

例如一个国家建立后，有整个建设计划，而每一个部门，又有每一个部门的建设计划。如政治建设计划、经济建设计划、农业建设计划、教育建设计划、国防建设计划，等等。

计划中又有按时期、种类的分别计划，国家是这样，个人也是这样。一个人有一生的计划，一年的计划，一日的计划；一件事又有一件事的计划，然后按计划行事，按时计功，自然有所成就。

没有成功的人都没有计划，所以有人说："没有计划，就是正在计划失败。"

第五章 成功人生需要计划

你是否也正在计划失败呢？当然，没有人愿意计划失败，但是，你可能犯了这样的错误——没有计划。

成功的人士都善于规划他们自己的人生，他们都知道自己要达成哪些目标，拟订好优先顺序，并且拟订一个详细计划。为什么要拟订详细计划呢？因为计划百密一疏是没有用的，你可能不会被大象踩死，但你可能会被蚊子叮到。蚊子就是你疏忽的地方，你的计划一定要详细，要把所有要做的事都列下来，并排列出优先顺序，依照优先顺序来做。

许多作家创作作品的时候，规定自己每一天需要撰写多少字数，需要搜集多少资讯，需要查阅多少资料，需要真正具体完成的是多少，每天照着计划进行工作。

你应知道，有的时候没有办法百分之百按照计划进行。但是，计划可以提供给你做事的优先顺序，让你可以在固定的时间内，完成你需要做的事情。

在人生当中，你没有办法做每一件事情，但是你永远有办法去做对你最重要的事情，计划就是一个排列优先顺序的办法。当你把优先顺序排定之后，还要彻底执行，保证成功，不达目的绝不罢休。

今天有很多人在分析未来方向的明确性与不明确性，但不明确性到底是指什么呢？为什么会产生不明确的问题呢？

今天的这个世界，的确是看不透将来究竟会变成怎样的世界，什么时候会以怎样的形态发生，谁也不知道，这时候就会产生不确定的问题。

解决问题都是以人的意志为主。要这样做、要那样做，并不是神或别人在做决定，而是以自己的意志去实行。这就产生了明确性，因为它确实能变成这样。

成功人士的计划为什么能够一一实现呢？这其中有很多因素，最重要的是，为了使计划实现而彻底实行。如果仅仅是计划或是只有思考，那么什么都不会实现。为了要使计划实现，往往有许多事情应当互相配合，由此而产生的很多问题，如果有耐心地一一去克服，

那么计划也就可以实现了。

千万记住，凡事要有计划，有了计划再行动，成功的几率会大幅度提升；只有行动，没有计划，是所有失败的开始。

你需要什么样的计划？或许你需要的不只是十年的计划，或许你需要的是五年的计划，或许你更需要的是每年的计划、每月的计划、每周的计划，或者说就是长期计划、中期计划、短期计划。

计划是成功的保障，计划是成功必备的条件。如果你是一边走路，一边计划，效果已经大打折扣了。台湾第一位研究神经语言学的激发心灵潜力专家陈安之先生曾经提出：成功者之所以成功，是因为要做的事情变成一种习惯。因此，他们的成就总是超越别人。

为了成功，你需要制订严密的计划。

2. 如何制订切实可行的计划

如果你想制订计划，准备把自己的时间安排得更好，下面这6点要诀会对你有很大帮助。

（1）计划要详尽而且实际

制订计划切记不要超过你实际能力的范围，而且内容一定要详尽具体。打比方说，如果你想学习西班牙语，那么你不妨制订这样一个学习计划：安排星期一、星期三和星期五下午4点30分开始听30分钟的西班牙语的录音磁带，星期二和星期四学习语法。这样一来，你每个星期都能有所进步，一步步接近你当初制订的目标。

（2）确定开始和完成的期限

让别人知道你正处于时间限制的压力之下，好让他们无法再来打扰，分你的心，保证自己能在规定的期限内实现方案上的目标。

做事没有步骤，想到哪里做哪里，过一天算一天，这样只能虚度时光，再好的计划也绝不会有所成就。如果你想得到一份新的工作，就应该给自己定下30天内必须找到新工作的期限，并且立即就开始行动；做好必要的调查，寄出个人履历表，约定面试的时间，脚踏实地地迈向你的目标。

（3）每天都计划做些事，让自己逐步接近目标

这是一件很简单的事情，比如说你需要积蓄500元钱，那么每天存下2元的零用钱，8个月后，你便可以达到积蓄500元的目标。

同样，每天拿出一点点时间来检查你第二天的计划，每个星期拿出一点点时间来检查下个星期的计划，至少提前一个星期把该计划的事都计划好。

（4）尽量利用最有效率的时刻

做计划时，应该把你一天中头脑最清醒、精力最充沛的时间安排来做最重要的事情，使在优先顺序上列在最前面的事情始终成为你计划的核心。

（5）为那些需要创意和较长时间的事情留出整块时间

如果你不预先计划出这一段时间，你就难免要挤一些零碎的时间来处理这些重要的事情。结果可想而知，由于时间限制，你不得不做做停停，无法按时把这些事做完，甚至于根本无法完成。如果你真的想减肥，你就必须每个星期拿出两到三个小时来计划下一个星期的菜谱，并按菜谱上所列到商店采购，尽可能把食物备齐。你可以预先把蔬菜洗净切好，放在保鲜袋里，在你时间较紧，想简单吃点东西时就可以很方便地信手拈来。其实你每个星期只要拿出一点时间稍做计划，就能让你在下一个星期里既能吃得满意，又能继续减肥。

（6）负责任地制订计划，承担计划带来的责任

不要为自己的问题去埋怨别人，而是应该去计划如何解决这些问题，并且防止它们再度发生。只有你才能有效地管理好你自己的时间，并把它们用在最有意义的事情上。如果你从来就没有过属于自己的时间，那么就停下来而且不要再去埋怨或责怪外部因素，因为问题就出在自己身上。

3. 制订长期计划的技巧

长期计划一般是指1年时间以上的计划。

长期计划的时间跨度较大，它是一个远期目标。长期计划的实行依赖于短期计划和中期计划。

长期计划是在较长的时间内都要遵循的一个计划，完成了这个计划，对你来说，也就完成了工作的目标，实现了工作的梦想。所以，完成计划所需的时间越长，那么目标相应也就越大，也就越能吸引你，令你心动。

许多成功的人都是因为怀有美好的、激动人心的目标，才开始他们的工作的。

例如，美国通用汽车公司在最初成立时，只有2000美元的注册资金。公司的创始人比利·杜兰特在创业之初就给自己确立了一个目标，那就是要成为汽车工业的老大，独立成立若干汽车企业，再用联合的方式控制整个汽车工业。经过几十年的努力，杜兰特终于实现了这一梦想（长期计划）。

长期计划的制订是以短期计划和中期计划为基础，合理安排好时间，分期完成计划。同时，用短期计划带动中期计划，中期计划又带动长期计划。

长期计划的完成、目标的实现，是激动人心的。但是，这一切都需要你长期坚持，付出不懈的努力，任何中途退缩都不可能有长期计划的完成和梦想的实现。

4. 制订中期计划的技巧

中期计划是半年到一年时间内的计划。

无论是在你的生活中还是在你的工作中,中期计划无疑都起着很重要的作用。

中期计划的时间和内容总是在变化的,对于不同的时间管理者来说,中期计划可能是三四个月的时间,也可能是一两年的时间;而对一个大石油公司或一个国际银行来说,它可能会长得多,但它总是长期计划的一个组成部分。

要制订一个合适的中期计划就要将眼光放远一点,构想一下自己或公司在两年内可能发生的变化,根据预定的目标,逐项进行安排。

比如,你打算在两年内将公司的利润提高到现在的两倍。那么根据这一目标,将目标细化为各项小的目标,然后将每一个小的目标安排到具体的日程安排中去,使中期目标具体到多个短期目标,完成一个短期目标,也就是向中期目标迈进了一步。

毕竟,中期计划是由相对较长的日常工作组成的,比较机械化,没什么灵活性,提不起人们的精神来。所以,它常常被人忽视。事实上,它是非常需要花大量时间去考虑的。因而,在下次计划前,你一定要找出既定的和重复出现的活动,把它们一一列举出来,摆在目的、目标和任务的面前对照一下,看看它们到底有多重要。使用这种方法可以轻而易举发现那些花费时间不当的日常行为,以便你及时调整自己的工作节律。

5. 制订短期计划的技巧

短期计划一般指从现在起的半年时间内的计划。

制订短期计划，需要有3个步骤。

（1）将需要在短时间内完成的工作确定下来。

（2）把所有工作都排列起来，重要的排在前面，次要的排在后面。

（3）把各项工作安排到每日的日程表中去。

一幅大的墙历可以使日程安排栩栩如生，挂在你的眼前。如果你的大部分工作是在办公室里完成的，而不需外出访问客户或顾客，墙历则是你最佳的选择。有些时候你需要匆匆记下约会时间，但手头没有日历，你可以将其记在袖珍笔记本或者一张纸上，然后在空闲时间里将它写到日历上。

如果你大部分时间是在路上或者客户的办公室里，那么一个精美的日记本日历是很有必要的。因为它可以为你提供一次对近期工作的展望，有利于你掌握工作的进展情况。你还可以很精确地看到你正在干哪件事，可以在一段合理的时间内扩大工作量，也可以避免工作量过大。

有个人谈到他使用日历的体会时，这样说道："今年我的最大突破之一就是我决定随身携带一个日历，我用的是那种墙上挂着的普通日历，但它可以对折，放入我的包里。那种只有一周日期的日历，对我不起作用，我需要立即看到整个月的日期，使我有个整体概念。"

选择哪种日历并不是最重要的，重要的是要经常翻翻日历，特别是在星期天晚上回顾一下一周内所做的事情，然后看看下周的日程安排。

翻阅日历的时间，也是你回头看看自己目标、检查一下自己是否走了弯路的最佳时刻。

你在每天晚上或早晨做一个简单的回顾也是很有必要的。在笔记本上写下你已完成的事情，以及第二天要做的事情。查看一下你每周或每月日历以及每天的日程事务安排表，看看日程表中的事情是否已经完成。如果完成得好，可以给自己一点奖励。如果没有完成，那么就要想办法尽快补偿回来，并要给自己一点惩罚。

6. 制订具体计划的技巧

　　成功者要为自己的每一个工作周期都订个计划，最好是书面形式。首先将可实现的目标的两三项主要工作安排好，可以专为它们安排"大块"的时间。要按优先次序安排工作、分配时间，不要按照碰巧落到身上的事务去分配时间。记住，先用一定的时间为一项工作做事先计划，而且除非有重大变故，否则不要轻易打乱自己计划的时间表。

　　其实，要养成做计划的习惯很简单，只要每天早起一会儿，利用刮胡子或穿衣的时间，从容不迫地想想当天的行动计划，这样可使你一进办公室就马上进入状态。每天早晨做做这种"计划"，则每星期可以多出5到10小时的工作时间。

　　假若你能在每天再抽出那么十来分钟时间安静地独处一会儿，把自己的工作计划快速检视一下，看看需要做些什么补充，那这十几分钟时间将会对你更好更快地完成工作起到极大作用。

人生 也需要不断改革

7. 如何成功运行计划方案

以下是运行计划方案时的 7 个技巧。

（1）计划要适度，贪多嚼不烂

不要什么都想一次做完，只做那些你必须完成的事情。

（2）清楚自己可以得到什么

你应该经常对你要实施的方案的回报价值加以考虑。如果完成了一个方案却不能让你在感情生活或经济上有所收获，那么就没有必要去做它，除非是非尽不可的职责。

（3）一次只做一件事

在预定的时间段里你可能有好几件事情需要做，但在特定连续的一段时间里，你必须专心致力于其中最重要的那件事情上。比如说，一天里用一个小时去做市场调查，或者一个星期里每天用一个小时做件工艺品。

（4）谢绝来访

如果你现在正在做一件需要你全身心投入的事情，你就应该谢绝任何人的来访。在你全力以赴做某件事时，绝不要让来访者、电话以及其他的事干扰或妨碍你。

（5）充满创新精神

不要以事情一直这样做为由而因循守旧、墨守成规、不思改变。应该寻求捷径，尽管这些捷径过去从未走过，这些捷径可能包括善于使用新的设备仪器，善于采用新的思维方法等。

（6）不要吹毛求疵

要防止被细节所困扰，任何方案都要先去解决其中比较重要的部分，细节可以留待以后再来调整。

（7）追求最好的结果

应该先完成你已经开始着手做的事情，而不要先去做你难以完成的事情，遵循这个原则去处理你的方案，就能避免因为日积月累所造成的"未结束方案"带来的痛苦。如果你坚决不去着手做那些你明明白白知道不会有结果的事，你就不会掉进困境中。你要舍弃的不仅仅是"未结束方案"带来的累赘，更重要的是了结因为这些事老是没有结果而造成的心理愧疚感。

8. 及时修正自己的计划

人生的道路曲曲折折，但成功的道路大方向是不变的。只有瞄准大方向，不时对具体的计划予以修正，才能真正到达成功的巅峰。

公元一世纪欧洲有句格言："不容许修改的计划是坏计划。"的确如此！人生中有些事相当无奈，每个人在踏上新的历程时，都无法确切了解自己究竟该走向何方，也无法完全清楚究竟该如何达成目标。

我们应边走边学，假如愿意调整方向，则这些新学到的东西会颇有助益。除非我们踏上追求目标的奋斗旅程，否则有一些资讯永远无法加以处理，这些新资讯，在我们努力清扫路途障碍的过程中，将绽放光芒，发挥作用。也唯有在我们朝梦想迈进时，才能从这些新资讯中解读出新的机会。有些东西远看炫目，走近一看，却平平常常；有些东西远看似乎混沌，但愈靠近，愈见光彩照人。人生旅程的景观一直在变化，向前跨进，就看到与初始不同的景观；再上前去，又是一番新的景象。要能够随时掌握人生目标的进度与方向，需要勤奋不懈以及持久的耐心。一个人的注意力很容易被分散，而一直不断包围着我们生活中的问题有时候会令人无法集中精神。等到我们明确知道自己身在何处时，我们的人生目标早已被遗忘，梦想早已被粉碎。

假设你最终的人生目标是在你的城市创造一个最大而且最成功的企业，随着

人生 也需要不断改革

岁月流逝,你的知识及经验都在不断增长,你也许会发现,早期的人生目标在不知不觉中扩展了,你所创立的企业现在是全市或全国最大且最成功的企业了!

重点在于你所行进的方向,当失去这个方向的时候,问题将会接二连三地出现。例如,一个制造电器用品的公司,在连续几年之中,特别投入心力在某一个特殊产品的领域上,直到公司成为该产业的独占鳌头者为止。当该公司所生产的特殊产品不再为消费者所需求时,即是该公司应该结束的时候了。这个情形就是,该公司将一个非永久有需求的产品带进了一个有限的市场,整个企业的成与败都依赖这一产品。

千万不能将自己的目标局限在某一个可能随时会结束的方向上!应该选择一个方向,能够包容改变,并从改变中吸取经验,获得利益。不要让其他附属的或次要的目标影响或改变你最终的人生目标,它们的存在只是为了帮助你早日达成人生目标,不是来改变你人生的方向。在你人生的旅途中,附属的或次要的目标在一段时间之后可能会扩展甚至改变方向,也可能创造出新的目标或去掉一些目标,但最终的目的只有一个,那就是要达成最终的人生目标。因此,在人生道路上前进时,要有调整方向的弹性。

凡未能随时修正计划的人,多半是因为自身欠缺安全感,以致在前进的路上屡屡绊脚。这种人必须改变观念,不要再误以为所谓卓越就是无所不知;要敞开心胸,接受新观点以及随同而来的新变化,放宽自己的视野。若非如此,则无法充分发挥潜能,获得最满意的成就。

在一连串实现梦想的过程中,如我们有心探求反馈信息,就可以不断取得成功,并据此修正目标或方法。

通往成功的道路往往迂回曲折,我们一定要预先做好应对准备。从出发点到终点不太可能是完全笔直的线,我们时而偏左,时而偏右。如目标定得足够清楚明确,在行进的过程中,可根据实际情况,将这一切迂回曲折统统纳入到我们的计划中。这样,在不断修正的过程中,我们的"野心"逐步得逞,成功也就自然地到来了。

第六章
成功的人生靠积极的行动

人生 也需要不断改革

1. "等"不来收获

过去的已经过去，将来的日子我们因为无法掌控，所以，该努力的，我们抓紧努力。不要总是以为我们有大把的时间可以"等"，人生百年，掐头去尾，不过也就三五十年。

一位探险家在森林中看到一位农夫坐在树桩上抽烟斗，于是上前打招呼说："您好，您在这儿干什么呢？"

农夫回答："我在等，等待发生一场地震，把土豆从地里翻出来。"

"啊？"

"有一次我正要砍树，但就在这时风雨大作，刮倒了许多参天大树，省了我不少力气。"

"您真幸运！"

"您可说对了。还有一次，闪电把我准备焚烧的干草给点着了。所以我在等……"

这和那个守株待兔的农夫如出一辙，靠"等"来收获成果，简直是痴人说梦。只有放弃这种思想，靠自己的努力，才能掌握自己的命运。

不知你有没有注意到，在我们的周围，有不少人在"等"：等加工资；等房子拆迁；等子女出国；等股票升值；等一笔曾经讲好的佣金；等某位国外的亲戚寄来担保书；等门前的马路拓宽后变成门面房；等老人过世后可以接管他们的财产；等50岁到来可以办理退休手续……我们在似是而非的等待中，日子变得像"加了苦药的糖"。

史铁生写过一篇小说，名字叫《毒药》。主人公因为种种不幸几近穷途末路，过着没有希望的生活。但他有一个不为人知的精神武器，他为自己准备了一副"毒药"，随时随地可以帮助他了断自己。所以他一直在等，等待着那个足以令他可

第六章
成功的人生靠积极的行动

以使用"毒药"的机会的到来。有一次他甚至跳进了深水里,挣扎中他决定拿出他的"毒药",但最终还是没有拿出来,他给自己的理由是,"毒药"也许受潮了。因此,他似乎一直没有机会动用他的"毒药"。故事的结局是,在一次次放弃使用"毒药"的过程中,主人公也走出了困境。"置之死地而后生",大概就是这个故事的立意。

美国未来学家尼葛洛庞帝说:预见未来的最好办法就是创造未来。命运如同掌纹,弯弯曲曲,却握在我们自己手中;只要不失去那个叫自立、自信、自强的支点,再困难艰险的条件下我们同样可以写就一个大大的"人"字。

刚进大学的第一学期,在入学教育的第一堂课上年近花甲的老教授向我们提了这样一个问题:"请问在座的各位同学,你们从千里之外考到这所院校,独自一人到学校报名的同学请举手。"举手者寥寥无几,且大多都是从农村来的。教授接着说:"由父母亲自送到学校接待点的请举手。"大教室里近百双手齐刷刷地举了起来。教授摇摇头,笑了笑给我们讲了这样一个故事。

一个中国留学生,以优异的成绩考入了美国的一所著名大学,由于人生地不熟,思乡心切加上饮食生活等诸多的不习惯,入学不久便病倒了,更为严重的是由于生活费用不够,他的生活甚为窘迫,濒临退学。给餐馆打工一小时可以

挣几美元，他嫌累不干。几个月下来他所带的费用所剩无几，学校放假时他准备退学回家。回到故乡后在机场迎接他的是他年近花甲的父亲。当他走下飞机扶梯的时候，立刻看到自己久违的父亲，便兴高采烈地向他跑去。父亲脸上堆满了笑容，张开双臂准备拥抱儿子。可就在儿子快要搂到父亲脖子的那一刹那，这位父亲却突然大大地向后退了一步，孩子扑了个空，一个趔趄摔倒在地。他对父亲的举动深为不解。父亲拉起倒在地上已经开始抽泣的孩子深情地对他说："孩子，这个世界上没有谁可以做你的靠山，当你的支点。你若想在激烈的竞争中立于不败之地，任何时候都不能丧失那个叫自立、自信、自强的生命支点，一切全靠你自己！"说完父亲塞给孩子一张返程机票。这个学生没跨进家门便登上返校的航班，后来他获得了学院里的最高奖学金，且有数篇论文发表在有国际影响的刊物上。

教授讲完后当我们急于知道这个父亲是谁时，老教授说："这世界上每一个人出身在什么样的家庭、有多少财产、有什么样的父亲、什么样的地位、怎样的亲朋好友并不重要，重要的是我们不能将希望寄托于他人，必要时给自己一个趔趄，只要不轻言放弃，自立、自信、自强，就没有什么实现不了的事。"

听了教授的故事，全场鸦雀无声，我们似乎一下子长大了许多。做人就是这样，不能靠等来收获，没有其他人可以永远当自己的"靠山"，靠别人不如靠自己。既然等不来"收获"，又没有人帮助自己来"收获"，那就灵活地从椅子上站起来，靠自己的努力去争取最美好的那份果实。

知识链接

史铁生

史铁生（1951—2010），中国作家、散文家。1951年出生于北京。1967年毕业于清华大学附属中学，1969年去延安插队。因双腿瘫痪于1972年回到北京。后来又因患肾病引发成尿毒症，依靠每周3次的血液透析来维持生命。曾历任中国作家协会全国委员会委员，北京作家协会副主席，中国残疾人联合会副主席。

2. 关键是要落实在行动上

无论干什么事情，只停留在嘴上是不够的，关键是要落实在行动上。投身慈善事业的黑尔姆夫人曾向斯特威夫人谈及她的成功之道，她说："我发现，如果我要完成一件事情，我得立刻动手去做，空谈无益于事！"黑尔姆夫人的这句话放之四海而皆准。夸夸其谈、哗众取宠而不注重实干的人最令人反感，成功也永远不会光顾这种华而不实的人。如果黑尔姆夫人仅仅满足于她的动听的演讲，陶醉于她那美好的计划之中，她自然永远也不可能超出言谈的范围，此时的她只不过是一个空谈家而已。人们也就不会相信她所说的一切。但当人们亲眼看到黑尔姆夫人以自己的行动实现了她的计划时，人们才赞同她的观点，才乐意援手相助。

查斯特·菲尔德爵士说："最大的成功者并不是那些嘴上说得天花乱坠的人，也不是那些把一切都设想得尽善尽美的人，而是那些最脚踏实地去干的人。"

第二次世界大战中，三巨头之一的丘吉尔，平均每天工作17个小时，还使得10位秘书也整日忙得团团转。为了提高政府机构的工作效率，丘吉尔给那些行动迟缓的官员的手杖上贴上了一张"即日行动起来"的签条。

今天最有潜力，最有价值。只有今天，才能揭示人生的意义，只有今天，才能描绘意想中"明天"的画卷。"努力请从今日始"，应该成为我们的行动格言，应该用智慧开掘今天的宝藏，用汗水开发今天的生活。

"努力请从今日始"不仅是人才成功之道，而且是任何有作为的人在不同的领域有所建树的重要条件。

有这样一个故事：

一位青年画家把自己的作品拿给大画家柯罗请教。柯罗指出了几处他不满意的地方。

"谢谢您。"青年画家说，"明天我全部修改。"

人生也需要不断改革

柯罗激动地问:"为什么要明天?你想明天才改吗?要是你今晚就死了呢?"

"努力请从今日始",不要想着明天再补。许多人也知道时间珍贵,可总是抓不住,这是什么原因?一个重要的原因是这些人往往只寄希望于"明天",这些人的一个共同特点,就是喜欢向后"透支"时间,总是一次又一次地把希望寄托在明天,所以,许多宝贵的学习时间就这样在这些人的自我安慰中悄悄地跑掉了。他们干一番事业的愿望总在设想阶段。好像一粒种子,在手里老是掂来掂去,总没有机会播到泥土里,让它生根、开花、结果,最后种子也坏了,再也种不了了。

正如《唐吉·诃德》的作者塞万提斯所讲:"取道于'等一等'之路,走进去的只能是'永不'之室。"

一位哲人说:"最好不是在夕阳西下的时候幻想什么,而是在旭日初升的时候即投入工作。"为什么人们对于现状明明不满意,可是却不愿意努力去改变呢?那是因为他们知道任何改变都会把他们带向另一个未知,而大部分人对于未知多抱着一种恐怖的心理,唯恐它会带来预料不到的痛苦。俗话说:"认识的魔鬼总是比不认识的魔鬼要好一些。"另外一句俗话说:"一鸟在手,胜过二鸟在林。"这都足以证明人们喜欢做自己熟悉的事,也无怪乎大家都不愿拿出行动,去改变自己的命运。

如果你想实现自己的目标,建立起属于自己的事业,那么,就得抓紧时间,把握现在。如果你不知如何下手,可以尝试如下步骤:

(1)写下4个已经拖延很久但得马上拿出来的行动。也许是找工作、减肥、戒烟、跟已经绝交的好友交谈或重新联络一位老朋友。

(2)在这四个行动之下各写下这些问题:为什么我先前没有行动?是不是当时有什么困难?回答这些问题有助于你认识踌躇不前的原因,乃是跟去做的痛苦有关,因而宁可拖延。如果你认为这跟痛苦无关的话,那么不妨再多想一想,或许是这个痛苦在你眼里微不足道,以至于并不认为那是痛苦了。

(3)写下你拖延那4个行动而觉得快乐的理由。例如你认为应该减肥,那么又为什么吃下3个汉堡、一大包薯条和半瓶可乐呢?是不是你觉得无法做到为了减肥而忍受少吃的痛苦,而吃这么多高热量及高脂肪的食物的确能使你快乐,以致你迟迟不拿出行动?你若是希望能有长期效果的改变,那么就得找出能使你快乐而不会有反效果的新方法，这样才能使你明白什么才是你追求的目标。

（4）写下如果你不马上改变所会造成的后果。如果你不停止再摄入那么多的糖分和脂肪，那么会怎么样；如果你不停止抽烟，后果会如何；如果你不打通认为应该打的电话会怎样；如果你不每天运动的话，对健康会有什么影响，2年、3年、4年或5年后会生出什么样的毛病；如果你不改变的话，在人际关系上得付出什么样的代价，在自我形象上会付出什么代价，在钱财上会付出什么样的代价……对这些问题你要怎么回答呢？可别只是说"我得破点财"或"我会变胖"。这种回答是不够的，你得找出能使你感到痛苦的答案，那么这时痛苦便会成为你的朋友，帮助你推向另一层次的人生。

（5）你要写下那4个行动后的所有快乐。你要写得越多越好，这样才会鼓起你的劲，想掌握自己的人生，这时你可能会很兴奋地说道："我将能掌握自己的人生了，我将对自己更有自信了，我将会更健康，我的人际关系将更好，我在各方面将会做得更好，我的人生从现在开始将会比以前更好，并且一直延续到2年、3年、5年乃至10年之后，只要我采取行动，就必然能实现所做的梦。"

知识链接

弗洛伊德

西格蒙德·弗洛伊德（1856—1939），奥地利精神病医师、心理学家、精神分析学派创始人。1873年进入维也纳大学医学院学习，1881年获医学博士学位。1882—1885年在维也纳综合医院担任医师，从事脑解剖和病理学研究。然后私人开业治疗精神病。1895年正式提出精神分析的概念。1899年出版《梦的解析》，被认为是精神分析心理学的正式形成。1919年成立国际精神分析学会，标志着精神分析学派最终形成。1930年被授予歌德奖。1936年成为英国皇家学会会员。1938年奥地利被德国侵占，赴英国避难，次年于伦敦逝世。他开创了人类潜意识研究的新领域，促进了动力心理学、人格心理学和变态心理学的发展，奠定了现代医学模式的新基础，为20世纪西方人文学科提供了重要理论支柱。代表作：《梦的解析》《超越唯乐原则》。

人生也需要不断改革

3. 莫要沉湎于空想中

西方精神分析学大师弗洛伊德将空想命名为"白日梦"。他认为，白日梦就是人在现实生活中由于某种欲望得不到满足，于是通过一系列的幻想在心理上实现该欲望，从而为自己在虚无中寻求到某种心理上的平衡。

弗氏理论还提出了一个关键性的词：逃避。也就是说，过分沉湎于空想的人必定是一个逃避倾向很浓的人。此言一语中的。这正是空想带给人的极大危害性。下面的故事生动地说明了空想的危害性。

一年夏天，一位来自美国马萨诸塞州的乡下小伙子登门拜访年事已高的爱默生。小伙子自称是一个诗歌爱好者，从7岁起就开始进行诗歌创作，但由于地处偏僻，一直得不到名师的指点。因仰慕爱默生的大名，故千里迢迢前来寻求文学上的指导。

这位青年诗人虽然出身贫寒，但谈吐优雅，气度不凡。老少两位诗人谈得非常融洽，爱默生对他非常欣赏。

临走时，青年诗人留下了薄薄的几页诗稿。

爱默生读了这几页诗稿后，认定这位乡下小伙子在文学上将会前途无量，决定凭借自己在文学界的影响大力提携他。

爱默生将那些诗稿推荐给文学刊物发表，但反响不大。他希望这位青年诗人继续将自己的作品寄给他。于是，老少两位诗人开始了频繁的书信来往。

青年诗人的信长达几页，大谈特谈文学问题，激情洋溢，才思敏捷，表明他的确是个天才诗人。爱默生对他的才华大为赞赏，在与友人的交谈中经常提起这位诗人。青年诗人很快就在文坛有了一点小小的名气。

但是，这位青年诗人以后再也没有给爱默生寄诗稿来，信却越写越长，奇思异想层出不穷，言语中开始以著名诗人自居，语气越来越傲慢。

第六章
成功的人生靠积极的行动

爱默生开始感到了不安。凭着对人性的深刻洞察，他发现这位年轻人身上出现了一种危险的倾向。

通信一直在继续。爱默生的态度逐渐变得冷淡，成了一个倾听者。

很快，秋天到了。

爱默生去信邀请这位青年诗人前来参加一个文学聚会。他如期而至。在这位老作家的书房里，两人有一番对话：

"后来为什么不给我寄稿子了？"

"我在写一部长篇史诗。"

"你的抒情诗写得很出色，为什么要中断呢？"

"要成为一个大诗人就必须写长篇史诗，小打小闹是毫无意义的。"

"你认为你以前的那些作品都是小打小闹吗？"

"是的，我是个大诗人，我必须写大作品。"

"也许你是对的。你是个很有才华的人，我希望能尽早读到你的大作品。"

"谢谢，我已经完成了一部，很快就会公之于世。"

文学聚会上，这位被爱默生所欣赏的青年诗人大出风头。他逢人便谈他的伟大作品，表现得才华横溢，锋芒咄咄逼人。虽然谁也没有拜读过他的大作品，即便是他那几首由爱默生推荐发表的小诗也很少有人拜读过，但几乎每个人都认为这位年轻人必将成大器。否则，大作家爱默生能如此欣赏他吗？

转眼间，冬天到了。

青年诗人继续给爱默生写信，但从不提起他的大作品。信越写越短，语气也越来越沮丧，直到有一天，他终于在信中承认，长时间以来他什么都没写。以前所谓的大作品根本就是子虚乌有之事，完全是他的空想。

他在信中写道：

"很久以来我就渴望成为一个大作家，周围所有的人都认为我是个有才华有前途的人，我自己也这么认为。我曾经写过一些诗，并有幸获得了阁下您的赞赏，我深感荣幸。

"使我深感苦恼的是，自此以后，我再也写不出任何东西了。不知为什么，每当面对稿纸时，我的脑中便一片空白。我认为自己是个大诗人，必须写出大作品。在想象中，我感觉自己和历史上的大诗人是并驾齐驱的，包括和尊贵的阁下您。

人生也需要不断改革

"在现实中,我对自己深感鄙弃,因为我浪费了自己的才华,再也写不出作品了。而在想象中,我是个大诗人,我已经写出了传世之作,已经登上了诗歌的王位。

"尊贵的阁下,请您原谅我这个狂妄无知的乡下小子……"

此后,爱默生再也没有收到这位青年诗人的来信。

爱默生告诫我们:"当一个人年轻时,谁没有空想过?谁没有幻想过?想入非非是青春的标志。但是,我的青年朋友们,请记住,人终归是要长大的。天地如此广阔,世界如此美好,等待你们的不仅仅是需要一对幻想的翅膀,更需要一双踏踏实实的脚!"

实际上,空想有正反两个方面的作用。它可以成为狂想、臆想,把人带向毁灭;也可以成为富有激情和创造力的幻想以及想象力,把人带向成功,带向辉煌。

西班牙伟大的超现实主义画家达利是个满脑子充满空想的人,一生都是如此。他曾头顶一只大龙虾去参加宴会,其怪诞的形象震惊四座。他的绘画作品抽象、怪诞,弥漫着浓厚的空想色彩。就是这么一个人,却是最成功最伟大的艺术家之一。

奥妙在哪儿?

达利的同学、著名的超现实主义电影导演路易斯·布努埃尔在自传中回忆说,读书时他和达利同住一幢学生公寓。那时候达利已经开始在绘画了,而且非常勤奋。

达利不善于与人交往,但表现欲很强。他一个人单独住一间房子。绘画时,他的房门总是开着的,路过的同学都能窥一眼他的作品。那时,他的绘画作品就已经很出色了,他自己也以天才自诩。布努埃尔认为这并不是狂妄,恰恰是他的自信。因为达利绘画几乎已到了废寝忘食的地步,他的勤奋刻苦是罕见的。而这正是他取得成就的原因之一。

如果达利也像爱默生所说的那位青年诗人一样,陶醉在自己的天赋和才华之中,整天想入非非,以为自己是个大天才,在空想中想当然地视自己为一个已取得很高成就的艺术大师,那他也只能一事无成、默默无闻了。

全世界都知道，达利是个充满空想与幻想的人；全世界也都知道，达利是个伟大的画家。只要看看他的作品，这两点就都知道了。

为什么达利能取得辉煌的成就，而那位青年诗人却就此沦为平庸之徒了呢？

他们都是有天赋的人，这是毫无疑问的。达利的天赋已是举世公认，而那位青年诗人的天赋曾经也得到了大作家爱默生的欣赏与认可。两人都是有潜在的成功可能性的人，为什么最终的结果却迥然有别？

关键在于两人对空想这一天性的控制和运用。

达利的空想已经转化为想象力和创造力，在这两种力量的激励下，他脚踏实地地去做、去实现，最终走向了成功，为人类作出了了不起的贡献。

而那位青年诗人的眼中则根本没有机会。为什么这么说呢？当他终日想入非非之时，他根本就没有考虑过如何才能走向成功，如何才能实现自身的社会价值。他满脑子想的就是成功后的那份辉煌。"千里之行始于足下"，没有辛勤的耕耘，哪来辉煌的成功？事实上，当他深深地陷入难以自拔的空想的泥潭之中时，他原有的才华就已经丧失殆尽了。这一切注定了他只能成为一个庸人。

4. 行动离不开毅力和勇气

事在人为的道理很多，但真的一旦要付诸行动，人们仍然不免犹豫不决，瞻前顾后。

人们之所以害怕付诸行动，其中的原因可能有三个：

（1）由于心态的原因，一行动就想到消极的一面，想到失败。这种恐惧心理摧毁我们的自信，关闭我们的潜能，束缚我们的手脚，使我们遇事不敢轻举妄动。

（2）人们对发生改变多多少少会有一种莫名的紧张和不安，即使是代表进步的改变亦然。这就是害怕冒风险。行动就意味着风险，因而就出现了左顾右盼、犹豫不决、拖延观望等。特别是一当形势严峻时，人们习惯的做法就是保全自己，不是考虑怎样发挥自己的潜力，而是把注意力集中在怎样才能减少自己的损失上。

（3）怕行动，不愿付出。有一种理论说，人有自私的天性，原因是出于自我保护的本能，付出就意味着"失去"，而行动就意味着要付出。

行动与其说是能力，还不如说是一种勇气。行动的障碍只有毅力和勇气才能解决。

在四川的偏远地区有两个和尚，其中一个贫穷，一个富裕。有一天，穷和尚对富和尚说："我想到南海去，您看怎么样？"

富和尚说："你凭借什么去呢？"

穷和尚说："一个水瓶、一个饭钵就足够了。"

富和尚说："我多年来就想租条船沿着长江而下，现在还没有做到呢，你凭什么去？！"

第二年，穷和尚从南海归来，把到南海的事告诉富和尚，富和尚深感惭愧。

穷和尚与富和尚的故事说明一个简单的道理：说一尺不如行一寸。

现实是此岸，理想是彼岸，中间隔着湍急的河流，行动则是架在河上的桥梁。只有行动才会出现结果，行动创造了成功。任何一个伟大的计划和目标，都要靠行动来实现。

假如你想要自己喜欢做某事，那你就去找爱做某事的人，和他们来往接触，就会有所进步。喜欢某事的人，一般也擅长此事，和他们来往后，你自然也会喜欢某事。例如："我最讨厌某件事，可是又必须学会才行，因为我要依靠它生存！"这时，你就去找擅长于此事的人，由于他的言行影响，你也会喜欢上这件事。其实，"不喜欢"或"讨厌"的感情，不是先天的、绝对的，大都是因为缺乏亲密感而产生。就像我们进入黑暗时就会感到恐惧不安，但过了一会儿，当眼睛习惯了黑暗的状态、了解了周围的状况，不安的心情就会减少。当你决定了追求的方向，用实际行动去接近它，那么也许曾经不太有兴趣的事也变得可爱了。

拿破仑说："想得好是聪明，计划得好更聪明，做得好是最聪明又最好。"成功开始于思考，成功要有明确的目标，这都没有错，但这只相当于给你的赛车加满了油，弄清了前进的方向和线路，要抵达目的地，还得把车开动起来，并保持足够的动力。

有一个雅典人没有口才，可是非常勇敢。有一天开大会，许多人做了精彩的长篇演说，许诺说要办许多大事。轮到这个人发言，他站起来，憋了半天只说出一句话："大家说的事情，我都要做。"

成功并不需要你知道多少，而是依靠你做了多少，所有的知识、计划、心态都要付诸行动。不管你现在决定做什么事情、设定了多少目标，你一定要马上行动。

5. 今天就是行动的那一天

有一个古老的说法是："没有任何想法比这个念头更有力量，那就是：时候到了！"

今天就是行动的那一天！

大多数人只能庸庸碌碌过一生，并不是因为他们懒惰、愚笨或习惯做错事，大多数人不成功的原因在于他们没有做对事情，他们不晓得成功和失败的分野何在。要达到成功的第一条守则就是：开始行动，向目标前进！而第二条守则是：每天继续行动，不断地向前进！

许多肥胖的人会以肥胖为理由，拒绝做某些事。例如，他们会说：当我瘦下来时，我就可以搭游艇……或我就可以得到另一份工作……或我将可以搬家……或我就会寻得一份亲密关系，等等。他们像是住在一个神秘的地方，丹尼斯·维特雷把这个地方叫做"未来幻象岛"。在"未来幻象岛"上，每件事似乎都可能发生，但实际上却没有任何事情会真的实现，因为你永远都到不了这个地方。

不要等待奇迹发生。要开始实践你的梦想。今天就开始行动！对肥胖的人来说，每天散散步也不是件大不了的事，但是一旦付诸实行后，这就是一件大成就。何况，散步的确会让你的体重明显下降。你现在就可以开始行动，朝着理想大步迈进。

人生 也需要不断改革

行动的步骤应该有哪些？把它们一一列出来，然后，开始逐项实行。今天马上行动！明天也不能懈怠！每天都要持续行动，起步向前走！

当你要扩展销售业绩，你的行动项目就应该包括增加打电话的次数。如果你只打了几个电话，应该再多打几个，设定每天的目标，并且实现它。

如果你想转换工作，需要接受特殊的职业教育训练，马上报名参加，缴学费、买书、上课，并且认真做功课。

如果你想学油画，先找到适合你的老师，购买需要的画具，然后开始练习作画。

如果你想要旅行，到旅行社询问行程的安排，立刻着手规划。

无论你的目标或梦想是什么，你今天就可以开始行动，并且坚持不懈！

6. "立即行动"是一种好的习惯

播下一个行动，你将收获一种习惯；播下一种习惯，你将收获一种性格；播下一种性格，你将收获一种命运。

在自我控制的同时，用同样的内力激励自己。什么是激励？激励就是鼓舞人们做出抉择并从事行动，即"内部催动"。本能、热情、情绪、习惯、态度、冲动、愿望或想法，能激发人行动起来。没有人是不受到激励而去做任何事的。激励的动机有很多，其中10种最基本的是：

（1）自我保护的愿望；

（2）爱的情绪；

（3）恐惧的情绪；

（4）性的情感；

（5）幸福生活的愿望；

（6）谋求身心自由的愿望；

（7）愤怒的情绪；

（8）憎恨的情绪；

（9）谋求认识与自我表现的愿望；

（10）获得物质财富的愿望。

这些都是需要自我激励与自我控制的。人是动物界中唯一有意识的成员，只有人才能理性地控制自己。

自我激励会带给你无穷的力量。自我激励的秘诀就是"行动"。自我发动法实际上就是一句自我激励警句："立即行动！"无论何时，当"立即行动"这个警句从你的潜意识里闪现到意识时，你就该立即行动。

平时就要养成一种习惯：用自我激励警句"立即行动"，对某些小事情做出有效的反应。这样，一旦发生了紧急事件，或者当机会到来时，你同样能作出强有力的反应，立即行动起来。假如你有一个电话应该去打，但由于拖延的习惯，你没有打这个电话。如果自我激励警句"立即行动"在你的意识里发生了作用，你就会立即去打这个电话。又假定你把闹钟定在早上6点。当闹钟闹响时，你睡意仍浓，于是起身关掉闹钟，又回到床上去睡。久之，你会养成早晨不按时起床的习惯。但如果你听从"立即行动"这一命令的话，你就会立刻起床，不再睡懒觉。

一个勤奋的艺术家，他力图不让任何一个想法溜掉。当他产生了新的灵感时，他便立即把它记下来，即使是在深夜，他也会这样做。他的这个习惯十分自然，毫不费力。对他来说，这就像是你想到一个令人愉快的念头时，你就不自觉地笑起来一样。

许多人都有延误的习惯。由于这种习惯，他们可能出门误车，上班迟到，或者失去可能更好地改变他们整个生活进程的良机。历史已经记录了有些战役的失败仅仅是由于某些人延误了采取得力行动的良机。

人生 也需要不断改革

记住自我发动的警句:"立即行动!"

"立即行动"可以影响你各方面的生活。它能帮助你去做你所不想做而又必须做的事,同时也能帮助你,去做那些你想做的事。它能帮助你抓住宝贵的时机——这些时机一旦失去,就绝不会再回来——哪怕只是打电话给你的一位伙伴,告诉他:你很想念他。

自我发动警句"立即行动"是一句重要的自我激励语句。记住了这一句话,便是向前走了重要的一步。

7. 行动之前先想仔细

你肯定有草率行事而失败的时候,这并不奇怪,仅凭一时的冲动就盲目行动只能带来失败。"先了解你要做什么,然后去做。"对行事一贯草率的人来说,这是很好的座右铭,尤其是前半句。假如决断和行动力是迈向成熟的必要条件,则表示我们所采取的行动,事先必须作出良好的分析与判断。

"行动之前先想仔细"或"投资之前先仔细研究"并不表示我们做事犹豫、没有决断能力,而做事果断同样并不等于鲁莽行事。这些话的意思是要告诫我们:采取行动千万不可鲁莽、仓促,要认清事实真相再做出相应的行动。

假如医师在抢救病人的时候,没有事先把病人的情况弄清楚就仓促开始抢救工作,则很有可能给病人带来生命危险。在许多情况之下,立即行动的确是必要的,但是立即行动并不代表不去思考就草率地去行动。我们且举一个较为明显的例子来看。

住在美国新奥尔良市的鲍曼太太,好几年前曾为了财务问题而烦恼不已。她有一位年老多病的母亲住在布鲁克林,由两名妇人负责照料她的起居。鲍曼太太后来发觉很难维持这样的开销,而一位时常在财务上资助她的叔父,也在这时打电话向她表示是否可以减少开支,如减少那两名看护妇人的费用,或缩减房屋的

第六章
成功的人生靠积极的行动

维修费，等等。

鲍曼太太一时不知该如何是好，便要求让她好好想一下，等作了决定之后再回电话给他。鲍曼太太十分感激这位叔父长期的资助，也觉得应该想办法减轻这位叔父的负担。

"我取来一些纸张，然后开始分析。"鲍曼太太描述道，"我先把母亲的收入列出来，如有价证券、叔父给她的补助等，然后再列出所有开支。没多久，我便发现母亲在衣、食方面的花费极少，但那栋拥有十一间房的住所，却得花一大笔钱来维持——光是每月的瓦斯费就得二三十美元，再加上各种杂项的开支和税金，还有保险费等，总共有数十份之多。当我看到这些白纸黑字的证据，便知道事情该如何处理了——那房子必须解决掉。

"从另一方面来看，母亲的身体愈来愈坏，我担心再让她长途跋涉可能不太妥当。她一直希望能在那栋房子度过余生，我也愿意尽可能满足她的愿望。于是，我去拜访一位医师朋友，请他给我一些意见。这位医师认识一名经营私人疗养院的妇人，地点离我们住的地方只有三分钟路程。

"这位妇人不但心地好，人又能干，所收的费用也极合理，因此我决定把母亲送到她家去，让她来照顾。"

这件事处理的结果，对每个人来说都十分理想。鲍曼太太的母亲受到极好的照顾，一直还以为她仍住在家里。鲍曼太太现在每天都能抽空去探望她，而不是每星期一次。她叔父的负担减轻了，她的财务问题也获得解决。此次经验告诉鲍曼太太，假如把问题写下来，便能完整、清楚地看到所有的事实，问题往往便也迎刃而解。

鲍曼太太的例子，很清楚地显示出：能否做好一件事，往往要看事前的分析。假如鲍曼太太没有好好去研究问题所在，也没有好好去组织要采取的步骤而是草率地采取行动，则很可能不但不能解决财务问题，甚至还会严重影响到母亲的健康。

这种把事实列在纸上，让它们自己把问题或解决方法显现出来的方式，在处理财务问题方面尤其有用。而如今，很少有人不会在财务方面碰到麻烦。

住在美国伊利诺斯州奥尼市的一对年轻夫妇霍华德先生和霍华德太太，也有这样的经历。像许多新婚夫妇一样，霍华德先生和太太在蜜月后不久，便已发生

人生 也需要不断改革

财务问题。那时正值第二次世界大战期间，霍华德先生必须进入海军服役，但他们的许多账单都还没有付清。霍华德先生和太太知道光是发愁没有什么用处，便坐下来盘算如何渡过难关。事实是这样的，他们几乎欠镇上每一家商店的钱。虽然每家欠得都不多，却也没有办法在入伍之前全部还清。为了保持良好的记录，他们最后决定这么做——每个月向每家商店偿付一点钱。事实上，最困难的大概就是去面对那些商店老板，并向他们说明自己无法在入伍之前把债务还清。但出乎霍华德先生的意料，当他向第一家商店老板说明他的困难，并表示愿意每月逐渐付清款项的时候，老板的态度十分和蔼。他不禁松了口气，以后的几家也都进行得十分顺利。结果，这些债务后来都还清了，有家商店老板甚至在他退伍回家之后还特地来找他，表示感谢他遵守诺言。

总而言之，若不是霍华德先生事前先坐下来仔细分析情况，他们很难作出适当的决定，并且付诸行动。事实证明，他们当初的决定是对的。

我们中间有许多人常常没有像霍华德先生这么做，在行动之前从来不坐下来仔细研究一下究竟是什么在困扰着我们。相反，我们常常为问题而辗转反侧，一再拖延作决定的时间；或是我们没有经过仔细研究，便在短时间内作出仓促决定。结果不但没有使问题得到解决，反而使问题更加恶化。

霍华德先生的分析十分简单，稍微动动脑筋谁都能作出这样的分析，但是当事到临头的时候，又有几个人顾得上分析一下当前的情况呢？他们往往认为时间紧迫，就马上开始动手行动了。行动能力的确是成熟心灵的必备条件之一，但必须有知识和理解做基础，才能避免毫无价值的草率行为。

第七章
打造信誉的品牌

1. 诚信是天下第一品牌

以诚待人，是成大事者的基本做人准则，道理很简单：诚信为天下第一品牌！青年人做人做事，也要讲"诚信"二字，养成诚实守信的习惯，方可在事业上有成，在竞争中取得胜利。

魏晋时有个叫卓恕的人，为人笃信，言不食诺。他曾从建业回上虞老家，临行与太傅诸葛恪有约，某日再来拜会。到了那天，诸葛恪设宴专等。赴宴的人都认为从会稽到建业相距千里，路途之中很难说不会遇到风波之险，怎能如期。可是，"须臾恕至，一座皆惊"。由此看来，诚是一个人的根本，待人以诚，就是信义为要。精诚所至，金石为开，诚能化万物，也就是所谓的"诚则灵"，正说明了诚的重要性。相反，心不诚则不灵，行则不通事则不成。一个心灵丑恶，为人虚伪的人根本无法取得人们对他的信任。所以荀子说："天地为大矣，不诚则不能化万物；圣人为智矣，不诚则不能化万民；父子为亲矣，不诚则疏；君上为尊矣，不诚则卑。"明人朱舜水说得更直接："修身处世，一诚之外更无余事。故曰：'君子诚之为贵。'自天子至于庶人，未有舍诚而能行事也。今人奈何欺世盗名矜得计哉？"所以，诚是人之所守，事之所本。只有做到内心诚而无欺的人才是能自信、信人并取信于人的人。

中国人特别崇尚忠诚和信义，因为诚信是为人处世的根本。而"信、智、勇"更是人自立于社会的三个条件。诚信是摆在第一位的。"信"是一个会意字，人言合体。《说文解字》把信和诚互为解释，信即诚，诚即信。古时候的信息交流没有别的方式，只能凭人带个口信，而传递口信之人必须以实相告，这就是诚或信的本义。"言必信，行必果，诺必诚。"这是中国人与他人、与社会的交往过程中的立身处世之本。靠这样一个道德原则来规范自己的言行，这和西方的契约精神有所区别。中国是靠礼义行事的德治国家，言行靠自律与自省。在中国古人的观念中，法和刑是同义的，因此遇到问题不是靠打官司去解决，而是靠协商解决，在相互谦让的基础上通过调解达到一致，不希望闹到"扯破脸皮""对簿公堂"的状态。有些受骗上当的人往往在事后是采取忍让和不再交往的办法，因为他们对自己的要求并未改变，依然坚持用诚信的态度处世为人。靠道德的约束而忽视法制的作用，在现代社会已被证明是不可行的。然而，"诚信"在法律化的前提下随着社会文明的发展而被推进，在人们相互的交往和所发生的关系中发挥着愈来愈大的作用。

中华民族的道德史中对人的要求是任何一个其他民族都难以比肩的。青年人要成大事，就要做到诚挚待人，光明坦荡，宽人严己，严守信义。只有这样，才能赢得他人的信赖和支持，从而为事业发展打下良好的基础。

孔子的弟子曾子有句话："吾日三省吾身。为人谋而不忠乎？与朋友交而不信乎？传不习乎？"作为一个有德行而对社会有责任心的人，在社会交往中诚信是做人的美德。与朋友交往要诚信。"君子养心莫善于诚，至诚则无它事矣。"为官从政要"谨而信"，"敬事而信"，"言而有信"。孔子说："信近于义。言可复也。"一个做事做人均无信的人，是很难在社会上立足的。因为人们均不齿于那些言而无信的人。所以，孔子说："言而无信，不知其可也。"信是离不开诚的，诚是信的基础和保证,诚挚待人,就能严守信义。《庄子·盗跖》上讲有个青年叫尾生，与某女子相约于桥下，女子未来，大水突泄，这青年竟抱梁柱而死。

真理、正义和公平亦是诚信的原则和标准。朱熹说，人与人要约"合义则言，不合义则不言。言义，则其言必可践而行之矣"！这就是说"轻诺寡信则殆"。在动荡的社会中，人心叵测，因而背信弃义的事也是经常发生。食言而肥的人，所在多有，又如张仪苏秦的故事。又如春秋战国的"盟誓"之风，起无信义可说是朝令夕改，一日三变。因此，"求事""要约""做人"信与不信，当看合不合理、合不合义；不合理、义，就如孔子所说："好信不好学，其弊也贼。"轻言寡信，如苍梧浇娶妻而美，让于其兄；尾生笃信，水至不去而死。这种不合理、义的迂腐诚信，只能是有害无益，连古人也有非议，今人又何足取？在解决民族、国家、社会政治、经济、军事、外交、文化、生活等方面的矛盾，协调人与人之间的各种关系，提高民族凝聚力，振兴国家、安定社会、亲睦家庭方面，诚信美德均起了非常积极的作用。如周公恪守臣道，匡扶幼主，忠诚不渝，虽有流言，诚信不惧；齐桓公夹谷之会，许返鲁地，信及诸侯，因而成就霸业；晋文公楚地得信，遵守诺言，退避三舍，成为千古美谈；邓训、钟世衡以诚信抚慰诸羌，诸葛武侯鞠躬尽瘁，并七擒孟获安抚南方，边疆的稳定和民族的安居乐业均是由诚信取得的；陆抗、羊祜，互为敌国，而能以诚相待，各自保境安民；朱晖、范式、卓恕一诺必践，不让季布。至于曾子杀猪取信于6岁儿子的故事，更是家喻户晓，人人皆知。古人的诚信美德对于中华民族的道德观念和民族精神的作出了巨大贡献。

这些是人人传颂的美德，也是青年人应该养成的习惯，继承和发扬这些优秀的东西，并在自己的前进之路上运用起来，对待身边的人和事，相信这样的青年人定是人群中的佼佼者。

第七章
打造信誉的品牌

青年人要成为事业中的先锋、领头人，就要有过人之处，不但智慧上如此，胸襟上、品德上更要如此。只有襟怀坦荡，光明磊落的人才会以诚信为本，做一个正直的成功者。

做这样的人，首要的是敢于直言，有一说一，有二说二，不夸大，不缩小，不隐瞒自己的观点。"见人只说三分话，不可全抛一片心"，是世故圆滑近似虚伪。说空话，说假话，骗人，这些都是与坦率直言相对立的，是为人所不齿、所厌恶的。

坦荡磊落，本于正，本于诚。坦率诚直的准则是公正，而正直的保证亦是坦诚。在公正忠诚基础上的直言、争鸣、劝谏，才能直而不狡，鸣而不诡，劝而不害。

大将军卫青的姐姐是皇后，汲黯见他时也不下拜。有人劝他："大将军这样尊贵，你不可不拜他。"汲黯就说："就因为大将军有一位见着他不下拜的客人，他便不尊贵了吗？"让劝他的人听了也感到很难堪。武帝常常召集文学儒者，在一起说一些仁义道德的话。有一次朝会时，汲黯对武帝说："你内心里有那么多满足不了的欲望，口头上却说什么要行仁义，像你这个样子难道也想像唐、虞那样使天下大治吗？"这一番话弄得武帝不仅无话可说，而且连脸色都变了。在场的所有人不禁暗暗地替汲黯捏了一把汗，幸而武帝没说话。下朝后，武帝对身边

人说:"真厉害呀!汲黯这股子憨劲。"有人责备汲黯不该这样做。他说:"天子设置公卿大臣辅佐他治理天下,难道是希望大家都唯唯诺诺,唯命是从,只会阿谀奉承,把他往错路上引吗?我们这些人既已就其位,就应尽职尽责,如果人人明哲保身,国家会是个什么样子?"武帝也说:"古代有所谓社稷之臣,像历史上的先人们为青年人做出了榜样,我们不能丢弃这样的美好品质。"所以要养成诚信的习惯,坦荡做人,在追求理想和事业的道路上,襟怀坦荡,做事光明磊落,严于律己宽以待人,为自己营造良好的发展空间。

唐朝武则天时,狄仁杰应召回京,被任命为宰相,与当朝宰相娄师德共同辅政。他本人并不知道自己是由娄师德全力举荐的。相反,他老觉得娄师德事事从中作梗,甚至怀疑前一时期自己遭受了政治暗算也与娄有关。因此他常在武则天面前指责娄师德的不是。对此武则天大大不解,终于有一天,她向狄仁杰询问道:"娄师德的品行究竟如何?"狄仁杰嘲讽道:"他带兵戎边时倒有过战功,其品行好不好我不好说。""那么他有没有善于发现和举荐人才的能力呢?"武则天又问。狄仁杰干脆地回答:"我和他一起共事。完全没有感觉到这一点。"对此,武则天微笑着拿出一份东西给狄仁杰看。看完后,狄仁杰不禁面红耳赤,原来那是娄师德的奏折。狄仁杰感叹道:"娄师德度量这么宽厚,我还处处疑心他。真是惭愧。"此后他主动接近娄师德,两人关系日见亲密,共同辅政,相处得很好。甚至有一年武则天告诉狄仁杰有人告了他的状,问他愿不愿意知道是谁告的。狄仁杰回答:"愿闻臣之过,其他的是不该我知道的。"武则天对他这样宽以待人的胸怀很感动,所以就一直很重用他,信任他。而狄仁杰也常注重向朝廷举荐人才,如桓彦花、敬晖、窦怀贞、姚崇、张柬之等人，位至公卿宰相者有数十人之多。

人与人之间的交往以及解决人与人之间交往中的矛盾的道德准则之一是宽人、容人。人非圣贤，孰能无过，容人就要容人之过。人们在日常工作、生活、学习以及交往中，只有相互协调、宽容，才能很好地相处。诚然，每个人身上均有优点，但不可否认有些人的毛病是非常令人讨厌的。这时如果能够待人以诚、待人以宽，充分发挥每个人的长处，就会把工作做得更好。切不可争一时之短长，俗话说：紧逼半尺山穷水尽，后退一步海阔天空。刘邦曾在不同的场合对他的大臣们说这样的话：论领兵打仗，我不如韩信；论运筹帷幄决胜于千里之外，我不如张良；论休养生息、转运粮草，萧何功劳最大。然而就是这么一个在前方不会打仗，在军中不会出奇制胜，在后方又不会搞后勤的人却驾驭着一帮具有雄才大略的英才成就了帝业。"宽则得众"，假如他没有宽广的有容乃大的胸怀，也许他将一事无成。相反项羽的本事很大，万人不敌，自称"力拔山兮气盖世"，但他有一谋士范增却不能用，气量小耶，只能"无颜过江东"，自刎于乌江。还有《西游记》里的那位唐僧，除了会念经什么本事也没有，但他的诚心和宽厚却使三位本领高强的徒儿慑服于他，并完成了去西天取经的大业。

荀子说过，人"力不若牛，走不若马，而牛马为用，何也？"人的力气不如牛大，跑起来没有马快，但牛和马却被人役使，为什么呢？"人能群，彼不能群也。"能够合作是荀子认为的根本原因。说得理论一些，人的社会是由人和人之间各种关系组成的，孤立的个人是不可能存在的，也做不成任何事。移山填海，上天入地，创造出许多伟大业绩只因为人能"群"而造成的。人的这种善于合作，善于协调的特性是人类社会发展的一种必然结果。就个人而言，个人事业成功的重要因素是能否与人合作。曾有人提出过这样的观点："合作就是守信用。"我们要与别人合作，一个基本前提就是要守信用。假如甲有管理才能，乙有一笔资金，有了这两个条件，两人就有合作的可能了。但是两人未必就能合作成功，还必须有一个信任关系。比如甲拿了钱，得让乙相信他不会挪作他用，更不会逃之夭夭。所以我们东方最早的信贷关系是发生在本家族之内，且需要有可靠的保人。

　　守信之人，别人就愿意与他合作。有一个美国孩子，他父亲早逝。他父亲去世时留下了一堆债务。若按常规，欠债人已去，把他的商品拍卖分掉，债务差不多也就算了。但这个孩子一一拜访债主，希望他们宽限自己，并保证父亲留下的债务分文不少地还掉。后来这孩子竟然历20年之功，把父亲留下的债务，连本带息，分文不落地全还了。周围的人都非常感动，知道他是一个可靠之人，也就都非常愿意和他做生意。结果这个人不但同别人建立了合作关系，也赢得了他人的尊敬。

　　与人合作，守信是第一大原则。守信，会使人对你产生敬意，也因此会使人愿意公平地与你合作。和一个不守信用的人合作，考虑到失信的危险，人们通常会把合作的费用提高，以防万一。比如你是一个信用度不是特别高的人，那你要拉别人的货物，一般是要先付款；但是如果别人知道你很讲信用，或者另一个商界同行出面说你非常可信，那么打交道的对方就可能很放心地让你把货先拉走，卖完货后再付款。一个要占大量资金，另一个几乎等于白手赚钱，这中间的出入，就是信用的价值。

知识链接

说文解字

　　说文解字，简称《说文》，是中国第一部系统地分析汉字字形和考究字源的工具书，也是世界上最早的字典之一。作者为许慎（约58—149），编著时首次对"六书"做出了具体的解释。《说文解字》是我国第一部按部首编排的汉语字典。此书作于汉和帝永元十二年（100年）到安帝建光元年（121年），现已失传。现存的版本以小篆书写，逐字解释字体来源。全书共分540个部首，收字9353个，另有"重文"（即异体字）1163个，共10516字。《说文解字》是科学文字学和文献语言学的奠基之作，在中国语言学史上有极其重要的地位。

2. 信用是成功人生的特别通行证

信用，是一项彼此的约定，也是一种具有约束力的心灵契约。有时它无体无形，但却比任何法律条文都具有更强的行为规范。在竞争激烈的当今时代，信用更加成为赢得人生成功的重要法宝。

一个人如果希望闻名世界、流芳百世，他首先要获得他人的信任。一个人如果学会了如何获得他人信任的方法，真要比拥有千万财富更足以自豪。

但是，真正懂得获得他人信任方法的人真是少之又少。大多数人都无意中在自己人生前进的道路上设置了一些障碍，比如有的态度不好，有的缺乏机智，有的不善待人接物，常常使一些有意和他深交的人感到失望。

有些人开始步入人生时，常常错误地以为一个人的信用是建立在金钱基础上的。一个有钱有势的人不一定有信用，因为再雄厚的资本，也不等于信用。与百万财富比起来，高尚的品格、精明的才干、吃苦耐劳的精神要高贵得多。

任何人若想人生成功，首先应该努力培植自己良好的名誉，使人们都愿意与他深交，都愿意竭力来帮助他。一个明智的人一定会让良好的信誉把自己训练得十分出色，不仅要有处世的智慧与能力，为人也要做到诚实和坦率。

有很多银行家非常有眼光，他们对那些资本雄厚，但品行不好、不值得信任的人，决不会放贷一分钱；而对那些资本不多，但肯吃苦耐劳、小心谨慎、时时注意商机的人，他们则愿意慷慨相助。他们在每次贷出一笔款之前，一定会对申请人的信用状况研究一番：对方生意是否稳当？能否成功？只有等到觉得对方实在很可靠，没有问题时，他们才肯贷款出去。

任何人都应该懂得：人格是一生最重要的资本。要知道，糟蹋自己的信用无异于在拿自己的人格作典当。

罗赛尔·赛奇说："坚定信用是成功的最大关键。"一个人要想赢得他人的信任，一定要下极大的决心，花费大量的时间，不断地坚持和努力才能做到。

1835年，摩根先生成为一家名叫"伊特纳火灾"的小保险公司的股东，因为这家公司不用马上拿出现金，只需在股东名册上签上名字就可成为股东。这符合摩根先生没有现金但却有获益的设想。

很快，有一家在伊特纳火灾保险公司投保的客户发生了火灾。按照规定，如果完全付清赔偿金，保险公司就会破产。股东们一个个惊惶失措，纷纷要求退股。

摩根先生斟酌再三，认为自己的信誉比金钱更重要，他四处筹款并卖掉了自己的住房，低价收购了所有要求退股股东的股份。然后他将赔偿金如数付给了投保的客户。

这件事过后，伊特纳保险公司获得了信誉的保证。

已经身无分文的摩根先生成为保险公司的所有者，但保险公司已经濒临破产。无奈之下他打出广告，凡是再到伊特纳火灾保险公司投保的客户，保险金一律加倍收取。不料客户很快蜂拥而至。原来在很多人的心目中，伊特纳公司是最讲信誉的保险公司，这一点使它比许多有名的大保险公司更受欢迎。伊特纳火灾保险公司从此崛起。

过了许多年之后，摩根公司已成为华尔街的主宰。而当年的摩根先生正是美国亿万富翁摩根家族的创始人。

回忆当初，其实成就摩根家族的并不仅仅是一场火灾，而是比金钱更有价值的信誉。还有什么比让别人都信任你更宝贵的呢？信任的基础是什么呢？是互相之间对人品的了解与欣赏，是人与人之间无法用金钱来衡量的友情。

一个人，凭着良好的信用，可以创造历史，可以改变成败，甚至可以起死回生。

公元前4世纪的意大利，有一个名叫皮斯阿

第七章
打造信誉的品牌

司的年轻人触犯了国王，被判绞刑，几天后将被处死。皮斯阿司是个孝子，在临死之前，他希望能与远在百里之外的母亲见最后一面，以表达他对母亲的歉意，因为他不能为母亲养老送终了。他的这一要求被告知了国王。国王被他的孝心所感动，允许他回家，但是他必须为自己找个替身，暂时替他坐牢。这是一个看似简单其实近乎不可能实现的条件。有谁肯冒着被杀头的危险替别人坐牢，这岂不是自寻死路。但，茫茫人海，就有人不怕死，而且真的愿意替别人坐牢，他就是皮斯阿司的朋友达蒙。

达蒙住进牢房以后，皮斯阿司回家与母亲诀别。人们都静静地看着事态的发展。日子一天天地过去了，皮斯阿司还没有回来，刑期眼看就快到了。人们一时间议论纷纷，都说达蒙上了皮斯阿司的当。行刑日是个雨天，当达蒙被押赴刑场之时，围观的人都在笑他的愚蠢，幸灾乐祸者大有人在。刑车上的达蒙面无惧色，慷慨赴死。

绞索已经挂在达蒙的脖子上了。胆小的人吓得紧闭了双眼，他们在内心深处为达蒙深深地惋惜，并痛恨那个出卖朋友的小人皮斯阿司。但就在这千钧一发之际，皮斯阿司飞奔而来，他高喊着："我回来了！我回来了！"

这一幕太感人了，许多人还都以为自己是在梦中。这个消息宛如长了翅膀，很快便传到了国王的耳中。国王闻听此言，也以为这是谎言。国王亲自赶到刑场，他要亲眼看一看自己优秀的子民。最终，国王万分喜悦地为皮斯阿司松了绑，并亲口赦免了他的刑罚。

有人不重视信誉，认为那不如现实的利益重要。但不要忘记，一旦失去了它，你还能得到现实的利益吗？

千万要记住：信用是你人生中一张走向成功的特制通行证。

人生 也需要不断改革

知识链接

常存抱柱信，岂上望夫台

唐·李白《长干行》诗

妾发初覆额，折花门前剧。郎骑竹马来，绕床弄青梅。
同居长干里，两小无嫌猜。十四为君妇，羞颜未尝开。
低头向暗壁，千唤不一回。十五始展眉，愿同尘与灰。
常存抱柱信，岂上望夫台。十六君远行，瞿塘滟滪堆。
五月不可触，猿声天上哀。门前迟行迹，一一生绿苔。

近义：一诺千金、力排众议、言之凿凿
反义：出尔反尔、空头支票、食言而肥

抱柱之信，出自《庄子·盗跖》："尾生与女子期于梁下，女子不来，水至不去，抱梁柱而死。"用以表示坚守信约。

3. 只有守信的人才能成大事

　　人无信而不立。人离不开交往，交往离不开信用。一个人守信是最可贵的品行，要成大事者，必须守信。

　　诚信之人都是讲信义的，也就是说，他们说过的话一定算数，无论大事小事，一诺千金。

　　青年人一定要记得中国人以信为本的做人处世之道，只有守信，才会有人信任你。只有做到了一诺千金，你的事业才有望发展、壮大并蒸蒸日上。

　　所谓恪守信义，即对许诺一定要承担兑现。"人无信不立"，答应了别人什么事情，对方自然会指望着你；一旦别人发现你开的是"空头支票"，说话不算

第七章
打造信誉的品牌

数，就会产生强烈的反感。"空头支票"不仅仅增添他人的无谓麻烦，而且也损害了自己的名誉。对别人委托的事情既要尽心尽力地去做，又不要应承自己根本力所不及的事情。华盛顿曾说过："一定要信守诺言，不要去做力所不及的事情。"这位先贤告诫我们，因承担一些力所不及的工作或为哗众取宠而轻诺别人，结果却不能如约履行是很容易失去信赖的。

在人与人的交往中，中华民族历来把信用、信义看得很重要。孔子说："与朋友交而不信乎？"墨子说："志不强者智不达，言不信者行不果。"还有"一诺千金，一言百系""一言既出，驷马难追"等都是强调一个"信"字。清代顾炎武更是以"生来一诺比黄金，哪肯风尘负此心"来表达自己坚守信用的处世态度和内在品格。因此，中国人历来就把守信作为为人处世、齐家治国的基本品质，言必行，行必果。自古以来，人们便欢迎和赞颂讲信用的人而斥责和唾骂无信用的人。李白曾在他的《长干行》中写道："常存抱柱信，岂上望夫台。"

东汉时，汝南郡的张劭和山阳郡的范式同在京城洛阳读书。学业结束，他们分别的时候，张劭站在路口，望着长空的大雁说："今日一别。不知何年才能见面……"说着，流下泪来。范式拉着张劭的手，劝解道："兄弟不要伤悲。两年后的秋天，我一定去你家拜望老人，同你聚会。"

两年后的秋天某日，落叶萧萧，篱菊怒放，长空一声雁叫，牵动了张劭的情思，不由自言自语地说："他快来了。"说完赶紧回到屋里，对母亲说："刚才我听见长空雁叫，范式快来了，我们准备准备吧！""傻孩子，山阳郡离这里一千多里，范式怎么来呢？"他妈妈不相信，摇头叹息，"一千多里路啊！"张劭说："范式为人正直、诚恳，极守信用，不会不来。"老人只好说："好好，他会来，我去做点酒。"其实，老人并不相信，只是怕儿子伤心，宽慰宽慰他而已。

等到约定的日子，范式果然风尘仆仆地从山阳赶到了汝南。老妈妈激动地站在一旁直抹眼泪，感叹地说："天下真有这么讲信用的朋友！"范式重信守诺的故事一直为后人传为佳话。

讲信用，守信义不仅是立身处世的一种高尚的品质和情操，更是体现出对人尊重的同时，尊重了自己。但是，我们反对那种"言过其实"的许诺，也反对使人容易"寡信"的"轻诺"，我们更反对"言而无信""背信弃义"的丑行！

讲信用是忠诚的外在表现。人离不开交往，交往离不开信用，"小信成则大信也"，无论是治国持家还是做生意，讲信用必不可少。一个讲信用的人，能够前后一致，言行一致，表里如一，人们可以根据他的言论去判断他的行为，进行正常的交往。你无法对一个不讲信用，前后矛盾，言行不一的人判断他的行为动向。对于这种人，是无法进行正常交往的，他更没有什么魅力可言。守信是取信于人的第一方法。信任是守信的基础，也是取信于人的方法。

卡耐基向人们讲述过一个故事，这个故事的中心是一篇文章，题目是《把信带给加西亚》。这篇文章最先发表在1899年，被翻译成多国语言，为世人所知。美国纽约中央车站曾将它印了150万份，分送出去。

这篇文章叙述了这样一个故事。

当美西战争爆发后，美国必须立即跟西班牙的反抗军首领加西亚取得联系。但是无人知道加西亚在古巴丛林里的确切地点，所以写信、打电话均不可能。美国总统必须尽快地获得他的合作。

有人对总统说："有一个名叫罗文的人，有办法找到加西亚，也只有他才找得到。"

他们把罗文找来，交给他一封写给加西亚的信。罗文把信装进一个油布制的袋子里，封好，吊在胸口。他乘上小船，四天之后的一个夜里在古巴上岸，消失于丛林中。接着在三个星期之后，他从古巴岛的那一边出来。他又徒步走过一个危机四伏的国家，经历千难万险，终于把那封信交给了加西亚。

卡耐基说："我要强调的重点是，麦金利总统把一封写给加西亚的信交给了罗文。而罗文接过信之后，并没有问：'他在什么地方？'""像他这种人，我们应该为其塑造不朽的雕像，放在每一所大学里。年轻人所需要的是加强一种敬业精神而非学习书本上的知识或聆听他人的谆谆教导。要像罗文那样恪守信义，对于上级的托付，立即采取行动。全心全意去完成任务——'把信带给加西亚'。""我佩服的人有很多，我钦佩的是那些不论老板是否在办公室都努力工作的人；我也敬佩那些能够把信交给加西亚的人，静静地把信拿去，不会提出任何愚笨问题，也不会存心随手把信丢进水沟里，而是不顾一切地把信送到。这种人永远不会被'解雇'，也永远不必为了要求加薪而罢工。这种人不论要求任何事物都会获得。他在每个城市、村庄、乡镇——每个办公室、公司、商店、工厂，都会受到欢迎。世界急需这种能把信带给加西亚的人。"

自古以来讲信义的事为大家广为传颂，表明人类敬仰守信义的人，他们高贵的精神品格，这种守信的品格，这种一诺千金的诚信，也正是人们所崇尚的。

在崇尚之余，我们都希望身边的人是这类人。那么年轻人就从自己开始，养成守信的习惯，做一个讲信义的人吧。

4. 诚实守信是做人的基本品性

为人不可不诚实，靠骗术行世只会让自己遭到惨败，因为诚实是做人的基本品性，而欺骗者骗来骗去实际上欺骗的是自己。

诚实是立足于社会和成大事的重要方面之一。

日本山一证券公司的创始人小池田子说："做生意成大事者第一要诀就是诚实，诚实像是树木的根，如果没有根，树木就别想有生命了。"这是小池田子的经验之谈，他正是因诚实而起家的。小池田子20多岁时开小池商店，同时替一家机器制造公司当推销员。有一个时期，他推销机器很顺利，半个月内便跟33位顾客签订了契约，并收了定金。之后，他发觉所卖的机器比别的公司出产的同

人生 也需要不断改革

样性能的机器贵，感到很不安，立即带订约书和定金，整整花了 3 天的时间逐家逐户去找订户，老老实实说明他所卖的机器价钱比别人卖的机器贵，请他们废弃契约。这使订户深受感动，结果 33 人中没有一个废约的，反而对小池田子极其信赖和敬佩。消息传开，人们知道小池田子经商诚实，纷纷到他的商店购买货物或是向他订购机器。诚实使小池田子财源广进，终于成了大企业家。

在许多人心里，认为"老实的人吃亏"，"老实就是无用的代名词"。这种偏见是非常有害的。为人处世就是要"做老实人，说老实话，办老实事"。无数事实证明，诚实的人并不吃亏。

从前有一位贤明而受人爱戴的国王，把国家治理得井井有条。国王年纪逐渐大了，但膝下并无子女。最后他决定，在全国范围内挑选一个孩子收为义子，培养成未来的国王。

国王选子的标准很独特，给孩子们每人发一些花种子，宣布谁如果用这些种子培育出最美丽的花朵，那么谁就成为他的义子。

孩子们领回种子后，开始精心地培育，从早到晚，浇水、施肥、松土，谁都希望自己能够成为幸运者。

有个叫雄日的男孩，也整天精心地培育花种。但是，10 天过去了，半个月过去了……花盆里的种子连芽都没冒出来，更别说开花了。

国王决定观花的日子到了。无数个穿着漂亮的孩子走上街头，他们各自捧着开满鲜花的花盆，用期盼的目光看着缓缓巡视的国王。国王环视着争奇斗艳的花朵与漂亮的孩子们，并没有像大家想象中的那样高兴。

忽然，国王看见了端着空花盆的雄日。雄日无精打采地站在那里，国王把他叫到跟前，问他："你为什么端着空花盆呢？"

雄日抽咽着，他把自己如何精心侍弄，但花种怎么也不发芽的经过说了一遍。没想到国王的脸上却露出了最开心的笑容，他把雄日抱了起来，高声说："孩子，我找的就是你！"

"为什么是这样？" 大家不解地问国王。

国王说："我发下的花种全部是煮过的，根本就不可能发芽开花。"

捧着鲜花的孩子们都低下了头，因为他们全部播下了其他的种子。

世界上假的东西很多，它们在一时间也确实蒙蔽了不少人，但假的终究是假的，经不起实践的考验。要达到目的，靠欺骗手段可能会一时奏效，但远不如诚实更有用。

美国一个小城镇上由于遗弃或收缴来的自行车无人认领，警察决定将它们拍卖。

第一辆自行车开始竞投了，站在最前面的一位大约10岁的小男孩说："5美元。" 叫价持续了下去，拍卖员回头看了一下前面的那位男孩，他没还价。跟着其他几辆自行车也出售了，那位小男孩每次总是出价5美元，从不多加。不过5美元实在太少了，因为每辆自行车最后的成交价几乎都是三四十美元。

渐渐地，人们都感到奇怪。暂停休息时，拍卖员问男孩为什么不再加价，小男孩告诉他，自己只有5美元。

拍卖快结束了，现场只剩下最后一辆非常漂亮的单车，拍卖员问："有谁出价吗？" 这时，站在最前面，几乎已失去希望的小男孩轻声地说了一遍："5美元。" 拍卖员停止了唱价，观众也静坐着，没人举手。最后，小男孩拿出握在手中，已被汗水浸得皱巴巴的5美元，买走了那辆全场最漂亮的自行车。

现场的观众纷纷鼓掌。任何人在现场都会被感动进而为那个小孩鼓掌，因为像他那样坦坦荡荡地去竞争的人实在太少。

阿瑟因·佩拉托雷是美国曼哈顿航运线的老板。至今，他仍然记得在自己10岁时发生的一件事。

那年正是经济大萧条时期，

人生 也需要不断改革

他在一辆大运货卡车上工作，每天要向100家商店递送特别食品，干12小时的工作只能挣到一个三明治、一杯饮料和50美分。一天他在桌子底下拾到了15美分并把它交给了老板。老板拍着他的双肩，承认钱是自己故意放在那儿的，为了看看他是否值得信任。后来，佩拉托雷一直为老板工作到上完高中，是他的诚实使他在美国经济最困难的时期保住了自己的工作。

在后来的年代里，他又干过许多工作：侍者、房屋清洁工等。再后来，当他用自己的卡车做生意，挣扎着度过四个连续亏损的惨淡之年后，终于峰回路转开始盈利，并将公司越做越大。他时常回想起在糖果店里学到的关于信任的一课。

诚实的人不吃亏；自以为聪明，爱骗人的伪君子，最终是不会成就大事的。

最后请记住：人若不诚实，就无法立身于世，就什么事都做不成。大凡有所成就的人，恪信守诚实是他成大事的重要因素。

5. 忠诚如一是最无价的

一个人能拥有忠诚的品质，自然便能赢得人们的敬重和信任。相反，一个人如果缺乏忠诚之心，往往掩蔽不了，一不在意就会表露出来，从而遭人鄙视和唾弃。

备受哈佛师生推崇的罗宾先生，曾讲过这样一个他亲身经历的故事：

"我参加过的婚礼记不清有多少次，时间久了大都没有什么印象。可在两年前我出席的婚礼上的一个小情景，却让我常常回味。新娘琼在一所高校任教，漂亮可人，又有好人缘。那天宾朋满座，代表来宾致辞的是在琼学校交流的外籍女教师。她向大家讲了一个小故事：有一次自己和琼一起到机场送一个回国的日本教师，在行李检查处，有人从衣服的口袋里滚落一枚一角的硬币，可能是不在乎这区区一角钱，没有捡起。琼弯腰将一角硬币捡了起来，并用手轻轻地拂去上面的尘埃，快步向前，把这枚硬币交给那人。对方起初觉得尴尬，不肯接收，甚至面有愠色，琼便对那人说道："先生，你可以不在乎这一角钱，但在这上面有我们的国徽，不能践踏！"说完这个故事，这位外宾对在场的人大声说：琼对国家的忠诚令人深感敬重，在个人感情上，我相信她也将忠诚如一，用真挚的爱心与她的先生共筑幸福的家园。"

一个人若能拥有忠诚的品质，自然便能赢得人们的敬重和信任，这是多少金钱都无法换取到的。忠诚无价，她对一个人的生活和事业实际上有着无穷的益处。

相反，一个人如果缺乏忠诚之心，往往掩蔽不了，不经意就会表露出来，从而被人鄙视，不仅仅失信于人，最终还会导致人生的失败。可以说，人们对忠诚的重视是不分国界、不分肤色的。

国外某著名航空公司在开辟该国首都至芝加哥的国际航线时，为业务需要，在本国招聘空姐。有位小姐各方面的条件都较优异，被航空公司的人事考官看好，拟招入。在面试就要结束时，该主考官问了一个小问题："公司准备在本国用三个月的时间对所有受聘人进行一次培训，这样的话，你远离自己的国家和亲人，在生活和感情上能适应吗？"这位小姐回答说："我离家在外已经有几年了，自己一个人生活已习惯了。至于出国嘛，也没关系，说实在的，在这儿我早已呆腻了！出去不是更可以长见识吗？"主考官听到这话，脸上的笑容马上消失了，待她走出门后，就在她的表格上写上了"NO"，并对其他人解释道："一个对自己的国家都不忠诚的人，又怎么会忠诚于公司呢！"

不论人心与世风如何变化，可忠诚这一优良的品质，永远焕发着它的光芒，人们越加视之为珍宝。但愿在我们的一生里，都能永久地以这一可贵的品质去待人处事，且以此拓展自己的基业。那么，我们的生活、事业和爱情，都将因忠诚这一品质的滋养和支持，得以幸福、成功和美满。

6. 亮出自己的"信用卡"

对于成大事的人而言，手中都有一张"信用卡"——以诚信处世。诚信，不仅是做人的准则，也是处世的原则和方法。处世以"信"为原则，讲信义、重信义，这样的人才会为世人所接受，也才会在危难之时获得帮助，从而到达目的地。

"一诺千金"表明了古人相当看重信义，因此一旦你答应的话就不能随意更改，一言既出，驷马难追。周文王演《周易》，其中有"天之所助也，顺也；人之所助也，信也"。由此可知，我们民族的诚信行为准则可以追溯至殷商时代。孔子把信的位置看得很高，学生子贡向他请教治国之道，他讲了"足食、足兵、民信"三条。子贡问："如果这三者只能做到两个，您先去掉哪一个呢？"孔子想了想说："去兵。"又问："再去一个是什么？"孔子说："去食。自古皆有死，民无信不立。"周幽王为"千金买一笑烽火戏诸侯"而失信，终至丧国，可说是最惨痛的事例了。而商鞅变法，立木为信以兴秦国的故事，也说明做事情必须先把信义摆在头里。

春秋时，晋文公重耳曾多年流亡国外，在他路过曹国时，曹共公对他很不礼貌。曹国大夫僖负羁的妻子对丈夫说，我看重耳的随从都是可任相国的人才，这位公子将来一定要回国称霸，对他无礼，我们会遭殃的。于是僖负羁派人送了一餐精美的饭食，并在饭食里暗藏一块玉璧。意思不仅是修好，而且暗指重耳是玉一样贵重的人物。重耳很感激，接受饭食而退还了玉璧，人称"受飧而返璧"。后来，当他们到达楚国的时候，楚王隆重地接待了重耳，但同时也询问他会如何报答自己。重耳说："玉帛珍宝，楚国都有。倘若托您的福，将来回到晋国，万一楚晋发生战争，相遇中原。我一定避君三舍（古一舍为30里），以示感谢。如果你仍不肯罢休，我只好拿起弓箭，与君周旋。"过了两年，重耳做了晋国国君。隔了三年，晋楚果然交战城濮，晋文公遵守前诺，主动后撤90里。但楚王却不肯

第七章 打造信誉的品牌

罢休,最后大败。

重信义能助人成功,同样不重信义,轻诺寡信的结果正好相反。轻诺寡信是处世的最大障碍。唐高宗李治死后,传位于太子李显。李显急着要给自己的岳父韦怀贞封官,为此大臣们持有各种不同见解。年轻气盛的李显不及思考说出了"不要说给个御史,就是把天下给他又有什么不可"的话。太后武则天听后大怒,当即决定废帝另立。君无戏言,天下社稷这样的大事,李显却敢随口乱许。

战国时的张仪,由于年轻时很贫穷,常做出轻诺寡信、巧言令色的事,因此别人一直瞧不起他。有一次在楚相府做客,大家传看的一块玉石找不到了,就以为是张仪偷的,把他捆起来拷打,抽了他几百鞭子。张仪获释后妻子劝他安分守己,不要再去游说骗人。他说:"只要我的舌头还在嘴里,这就足够了。"之后数年,张仪成为秦王的座上客。其以商於六百里为诱饵,欺诳楚怀王,破坏齐楚联盟,怀王最后找张仪要土地,张仪给他的只是六里地。张仪遍历楚、韩、齐、赵、燕诸国。或许诺,或信誓旦旦,或连哄带吓,使六国的"合纵"之策土崩瓦解,秦国得以各个击破。但靠轻诺寡信的作为是不得人心的。信任他的秦惠王死后,秦武王很不喜欢他,认为他是"左右卖国以取容"的娼妓行为。张仪只好回到了魏国。回国后的张仪因为惧怕遭人报复,因此一直过着大门不敢出、二门不敢迈的生活,直到在家里郁郁而死。

春秋战国时期,正是一场社会政治、经济、文化和思想的大变动时期。这一时期有各种各样的思想派别产生,但似乎都十分推崇"义士"这样的人。因为讲信义的"义士"是值得信赖和托付大事的。

"荆轲刺秦王"的悲壮故事源自于燕太子丹憎恶秦王的暴虐,于是处士田光为他推荐了义士荆轲。田光告诉荆轲:"忠厚长者行事,是不应当引起别人怀疑的。但太子丹同我谈话后,特地嘱咐我不要泄

人生 也需要不断改革

漏,这分明是信不过我。不能使人无疑,这算什么节烈豪侠之士?请你转告太子,就说我田光已经死了,以显示我决不会泄露他人的机密。"说罢便自刎而死。

从这则故事,我们可以看到,由于田光对荆轲的器重,使荆轲不能不考虑信诺的问题。虽然此行成功的几率不大,但荆轲依然受命去刺杀秦王,原因仅是由于一个"义"字。"士为知己者死"这是古代义士们的一句格言。今天看来虽然有很多值得商讨的成分,但古人纯朴耿直忠烈的观念,忠诚和言行一致的做法,是值得今人去效法的。

古人看重信义的核心是良知与德行。东汉人朱晖,乡党张堪非常器重他的为人,有次说起闲话,张堪说万一我有什么不幸,我的妻子可托的人只有朱晖了。朱晖当时并没有答应什么。虽然后来二人长时间不往来,但是当朱晖知道张堪病死,且其遗孀非常贫困时,特地前往慰问照顾。朱晖的孩子很奇怪,说父亲和张堪并无深交,也没答应他什么,现在怎么要去照顾他的家小了。朱晖说:"堪尝有知己之言,吾以信于心也。"也就是说,张堪已经把他视为知己了,虽然他没有说什么,但在内心已经不能辜负人家对自己的信任和付托了。这种"信于心"是和田光、荆轲这样的人有异曲同工之处的。

孟子说:"大人者,言不必信,行不必果,惟义所在?"这句话怎么理解?

第七章 打造信誉的品牌

晋国的大臣赵盾是位贤相，因为多次劝谏晋灵公，灵公厌烦他了，便派力士鉏麑前去刺杀他。当鉏麑潜入赵盾住所时，赵家不但敞开着大门，连内室的门也是开着的，并无严密警卫，室内外陈设也很俭朴。当时天还未亮，赵盾却已经把衣帽穿戴得整整齐齐，端端正正坐在那里等着上朝议事。看到这种情景，鉏麑大为感动，叹息道："杀忠臣弃君命罪一也。"遂取义而弃信（信在此处是为信于君命），说明了义之重要。还有民间流传陈世美负心的故事。当陈世美中了状元之后，被派去刺杀秦香莲母子的韩琦，就宁可取义而失信，也不杀无辜的母子，最后自刎而死，也说明了这个道理。

任何社会中，一个人在思想上、品质及能力等方面是否成熟的重要标志便是他是否信守诺言，是否轻易许诺。因此，"诺必诚"就包含了这样两层意思：一是说到做到；二是许诺前要三思而行。古人的经验值得我们学习，前车之鉴，青年人从中应该学到对自己有益的东西，在今后的事业发展中重"信"讲"义"，做一个值得他人信任，值得社会和家庭信赖的人，成为社会的中坚力量。

商业在中国古代的小农经济中虽然并不十分发达，但是却伴随了整个社会发展的始终。在今天我国实行改革开放和市场经济之际，探讨一下我国古代商人的诚信经商是有着积极意义的。

人生 也需要不断改革

旧时的经商者们往往因某些人的关于经商的至理名言而将他们奉为自己的祖师。范蠡植农经商,很有办法,他主张"十分利只取一分",被后人尊为文财神。于是,财神也就有不同的形象,如茶叶店挂陆羽像,绸布店挂嫘祖像,而一些大商店、大银号则高悬武财神关羽的像。这其中的含义除了桃园三结义般的精诚团结外,更重要的在于关羽是个忠诚侠义的汉子,为人做事诚信是放在第一位的。

唐代商业一般都成立行会。行会是同业商人的组织,在行会中由大家推举出德高望重的人来担任"行头""行首",负责对内对外的一切事务,并规定行德。各成员的地位在名义上都是平等的。1956年在北京房山发现的唐代石刻佛经里,记载幽州(北京)的商行就有米行、肉行、油行、果子行、炭行、磨行、布行、绢行、丝绵行、生铁行、杂货行等。当更大规模的商行在宋代出现之时,商行也就制订了类似于划出会员营业范围、规定会员义务、货物价格,经商的商业道德和信义的规约。当时东京汴梁市上至少有160行,行户合6400多户,各行衣着不同,因此在街上行走,一看便知道是哪一行的。宋代的商行对外来散商管制很严,不经投行,不准上市。因此在排除同业竞争的因素之外,保护本地经商者的信誉也

就成了另一十分关键的因素。

诚与信是中国思想中的传统品德,是中国商人最崇尚的道德信条,也是他们得以发迹和发展的基础。在现代社会中,诚信具有更重要的意义。我们知道,人们之间的社会行为从功能上说,以合作活动和交换活动为主。例如工厂、农村、机关、公司中,人们的工作都是以合作的方式进行。甚至在一个家庭中也少不了合作。交换与传递在合作中必不可少。最典型的是在商业领域,买卖、委托、招聘、雇佣等,几乎每一种合作或交换都涉及守信、守约。在个人与个人之间,群体与群体之间体现了守信守约的多层次性。现代社会,一个人只有靠长时期的立诚守信行为才能建立起信誉。信誉本身是有价值的,它是一个人、一个企业的通行证和信用卡。

青年人要不断激励自己、鞭策自己,做一个讲诚信的信义之人,在事业发展中取得骄人的成绩。

7. 真诚待人,真诚做事

真诚待人,恪守信义是赢得人心、产生吸引力的必要前提。要做到对人真心诚意并不难,重要的是要在别人需要的时候给予他真诚的帮助。

什么是"真"?就是不做假,不欺人,成大事者讲究人品之真,做事之真。真诚待人,真诚做事,这是一个青年人必备的品质之一。只有具备了这种品质,也只有这样品质的人,才会敞开心扉给人看,使人们了解他、接纳他、帮助他、支持他,使他的事业获得成功,使他受到人们的尊重和敬仰。青年人要有真诚待人的习惯,用真诚的心灵赢得事业上的成功。

美国前总统罗斯福一直是个受欢迎的人,甚至于他的仆人都喜欢他,也正是因为这一点,罗斯福的黑人男仆詹姆斯·亚默斯写了一本关于他的书,取名为《罗斯福,他仆人的英雄》。在那本书中,亚默斯详细描述了罗斯福与仆人们的交往细节。

"有一次，我太太问总统关于一只鹑鸟的事。她从来没有见过鹑鸟，于是他详细地描述一番。没多久，我们小屋的电话铃响了。我太太拿起电话，原来是总统他本人。他说，他打电话给她，是要告诉她窗口外面正好有一只鹑鸟，又说如果她往外看的话，可能看得到。他时常做这类的小事。每次他经过我们的小屋，即使他看不到我们，我们也会听到他轻声叫出：'鸣，鸣，鸣，安妮！'或'鸣，鸣，鸣，詹姆斯！'这是他经过时一种友善的招呼。"

这样的一个人恐怕确实很难让别人不喜欢他。

罗斯福卸任总统以后，一天到白宫去拜访，他真诚喜欢卑微身份者的情形全表现出来了，因为他向所有白宫旧识仆人打招呼，都能叫出名字来，甚至厨房的小妹也不例外。

书中写道："当他见到厨房的亚丽丝时，就问她是否还烘制玉米面包，亚丽丝回答他，她有时会为仆人烘制一些，但是楼上的人都不吃。

"'他们的口味太差了，'罗斯福有些不平地说，'等我见到总统的时候，会这样告诉他。'

"亚丽丝端来一块玉米面包给他，他一直走到办公室去，一面吃，同时在经过园丁工人的身旁时，还跟他们打招呼。

"他对每一个人，都同以前一样。他们仍然彼此低语讨论这件事，而艾克·胡福眼中含着泪说：'这是将近两年来我们唯一有过的快乐日子。我们中的任何人，都不愿意把这个日子跟一张百元大钞交换。'"

待人心诚一点，守信一点，能更多地获得他人的信赖、理解，能得到更多的支持、合作，由此可以获得更多的成功机遇。

我们主张知人而交，对不很了解的人，应有所戒备，对已经基本了解、可以信赖的朋友，应该多一点信任，少一些猜疑，多一点真诚，少一些戒备。我国著名的翻译家傅雷先生说："一个人只要真诚，总能打动人的，即使人家一时不了解，日后便会了解的。"他还说："我一生做事，总是第一坦白，第二坦白，第三还是坦白。绕圈子，躲躲闪闪，反易叫人疑心；你要手段，倒不如光明正大，实话实说。只要态度诚恳、谦卑、恭敬，无论如何人家不会对你怎么的。"以诚待人是值得信赖的人们之间的心灵之桥，通过这座桥，人们打开了心灵的大门，

第七章 打造信誉的品牌

并肩携手，合作共事。你真诚实在，肯露真心，"敞开心扉给人看"，对方会感到你信任他，从而卸除猜疑、戒备，把你作为知心朋友，乐意向你诉说一切。其实，每个人的思想深处都有封锁的一面和开放的一面，人们往往希望获得他人的理解和信任。然而，开放是定向的，即向自己信得过的人开放。以诚待人，能够获得人们的信任，发现一个开放的心灵、争取到一位用全部身心帮助自己的朋友。在人们发展人际关系，与他人打交道的过程中，如果防备猜疑被诚信取代，就往往能获得出乎意料的好成绩。

青年人与人交往，一定要注意以下几点。

（1）以诚待人，要坦荡无私，光明正大，如果发现对方的缺点和错误，特别是对他的事业关系密切的缺点和错误，要及时地指正，督促他立即改正。批评的确不讨人喜欢，但你不妨换个角度去使他理解接受，从而沟通彼此心灵发展友情。

（2）应当知人而交，当你捧出赤诚之心时，先看看站在面前的是何许人，也不应该对不可信赖的人敞开心扉。否则，适得其反。

人生 也需要不断改革

（3）要想得到知己和朋友，首先得敞开自己的心怀。讲真话、实话，不遮掩，不吞吐，必然会换得朋友的赤诚和爱戴。正如谢觉哉同志在一首诗中写道："行经万里身犹健，历尽千艰胆未寒。可有尘瑕须拂拭，敞开心肺给人看。"

英国一个名叫哈尔顿的作家为了编写《英国科学家的性格和修养》而采访了达尔文。达尔文的坦率是人尽皆知的，为此，哈尔顿不客气地直接问达尔文："您的主要缺点是什么？"达尔文答："不懂数学和新的语言，缺乏理解力，不善于合乎逻辑地思维。"哈尔顿又问："您的治学态度是什么？"达尔文又答："很用功，但没有掌握学习方法。"听过这些话的人无不为达尔文的真诚与坦率而鼓掌。按说，像达尔文这样蜚声全球的大科学家，在回答作家提出的问题时，说几句不痛不痒的话，甚至为自己的声望再添几圈光环又有谁会产生异议呢？但达尔文不是这样做的，他一是一，二是二，甚至把自己的缺点毫不掩饰地袒露在人们面前。只有高尚的品德才能换来真挚的信赖和尊敬，朋友的交往亦是如此。你敢于说真话，说实话，肯让人知，朋友为你的诚实所感动，便会从心底深处喜欢你，他给你的回报，也将是说真话，说实话。

《晏子春秋·内篇》中就有"信于朋友"的话，把"信"看成是朋友之间的一个重要环节。在封建社会被视为五常之一的"信"是人的一种美德。过去小孩子的启蒙读物《幼学琼林》中，就有专门讲交友的章节，并有种种概括："尔我同心曰金兰，朋友相资曰丽泽"，"心志相孚为莫逆，老幼相交曰忘年"，"刎颈之交相如与廉颇，总角之好孙策与周瑜"，这里所指的都是来源于真诚待人的深厚友情。

青年人要懂得人与人的感情交流具有差异性。融洽的感情是心的交流，真诚待人，敞开自己的心扉，肝胆相照，赤诚相见，才会心心相印。真诚在友谊宫殿中的光泽不仅未因岁月流逝和时代变迁而减弱，反而随着社会的进步增添了光彩。

第七章 打造信誉的品牌

如果为人处世离开了真诚，则无所谓友谊可言，一个真诚之人的心声，才能唤起一大群真诚之人的共鸣。"投之以木桃，报之以琼瑶。"我们的生活中应充满真诚，养成真诚待人的习惯，也只有这样，每个人的心灵才会美好而快乐，才会安全地生活每一天，才会在事业上获得更多真诚的帮助。

人们常用"精诚所至，金石为开"来表达真心诚意可以解决很多难题。有一位出版商讲过一个故事：他刚出道时，一直希望能有个名作家的著作让他出版，但他没什么资本，一直不敢去和那些作家接触。可是他实在想极了，有一天，便抱着他从报上剪下来的某位作家的文章，硬着头皮去拜访那位作家。他坦然地说明自己的状况，也表明了出书的意愿。这位作家不置可否，但也没有给他坏脸色看。他无功而返，过了一个月，他又去看那位作家。诚恳地说明他的想法，就这样去了10次，前后经过了半年，他获得了这位作家的一本新作。

精诚所至，金石为开。当你把你真诚的心扉敞开给别人看之后，真心诚意的力量是巨大的，这是无法用科学方法去加以分析的。真心诚意是一个人真实内心的自然涌现，所以能直接感动对方，和对方内心的真实情感产生共鸣和交流，而且超越了现实利益的层次。"伸手不打笑脸人""见面三分情"，这是人都有的一种感情。真心诚意不仅可以解除对方的武装，还可以激起对方同情不忍之心，因而松懈了他自己的立场。"看他那么真心诚意，就接受他的要求吧！"人们总是会这样想。因为如果拒绝，自己多少也会自责，认为自己

人生 也需要不断改革

太无情了，因而难过半天。这是人性中"善"的作用，是很奇妙也很微妙的现象。

青年人要抱定"真诚"这两个字，是没有什么事情办不到的。

不造作、不虚假，没有欺骗也没有心术的情感便是"精诚"，即"真心诚意"的本质，只有这种情感才能真正地感动对方，让对方接受你，容易获得对方的合作，甚至和你一起吃亏也不在乎。用"真心诚意"做人，则容易获得别人的接纳，不过，很重要的一点是——如何让对方感受到你的"真心诚意"？

既然是真心诚意的，就要不怕困难，锲而不舍，敢于付出，用诚实谦和的态度去做事，去感动他人。

锲而不舍：换句话说，不计时间，不计次数地持续下去，因为时间也是一种"支出"，如果不是真心诚意，早就放弃了。

不惜工本：人都怕花无谓的钱，如果不是真心诚意，敢花这种钱吗？这么说，难道穷困的人就没希望表现出他的"真心诚意"了？那也不然，你大可坦白说明自己的情况，对方会针对你的状况另行考虑的，"诚于中，形于外"，对方是会感受到的。

态度谦和：十足的真心诚意也会被狂傲无礼抹杀，尤其是当你有求于人时。

在别人需要的时候表达你真诚的帮助，你的举动才是明智的。青年人要记住这条原则，在今后的事业、生活中，养成真诚的习惯和生活态度，做一个真切关心他人的人。

8. 靠诚信塑造个人魅力

凡成就大事者都是能取信于人的人。不管面临什么样的情况，都要克服困难，以诚信为重。忍住欺诈之心才能让人佩服你，倾其所有为你效力。

青年人只有养成诚信的习惯，才会在事业合作中取信于人，才能够成就大事。

三国时，蜀汉建兴九年，诸葛亮用木牛运输军粮，再出兵祁山（今甘肃礼县东北祁山堡），第四次攻魏。魏明帝曹睿亲自到长安指挥战斗，命令司马懿统帅费曜、戴陵、郭淮诸将领，征费曜、戴陵二将屯扎，自己率大军直奔祁山。面对着兵多将广、来势凶猛的魏军，诸葛亮不敢轻敌，于是命令部队占据山险要塞，严阵以待。魏蜀两军，旌旗在望，鼓角相闻，战斗随时可能发生。在这紧要时刻，蜀军中有8万人服役期满，已由新兵接替，正整装待返故乡。魏军中有30余万人，兵力众多，连营数里。蜀军会在这8万老兵离开后更显单薄。众将领都为此感到忧虑。这些整装待归的战士也在忧虑，生怕盼望已久的回乡愿望不能立即实现，估计要到这场战争结束方能回去了。

于是不少蜀军将领进言希望留下这8万老兵，延期一个月，等打完这一仗再走。诸葛亮断然拒绝道："统帅三军必须以绝对守信为本，我岂能以一时之需，而失信于军民。"诸葛亮停了一停，又道："何况远出的兵士早已归心似箭，家中的父母妻儿终日倚门而望，盼望着他们早日归家团聚。"遂下令各部，催促兵士登程。此令一下，令所有准备还乡之人在意外的同时也是欣喜异常，感激得涕泪交流，纷纷说："丞相待我们恩重如山，我们要求留下参加战斗。"那些在队的士兵也受到极大的鼓舞，士气高昂，磨拳擦掌，准备痛歼魏军。诸葛亮在紧要关头不改原令，使还乡的命令变成了战斗的动员令。他运筹帷幄，巧设奇计，在木门道设下伏兵。魏军先锋张郃，是一员勇将，被诱入木门道埋伏圈中，弓弩齐发，死于乱箭之下。蜀军人人奋勇，个个争先，魏军大败，司马懿被迫引军撤退。

人生 也需要不断改革

犒劳三军之时，诸葛亮尤其褒奖了那些放弃回乡，主动参战的士兵，蜀营中一片欢腾。

诸葛亮取信于士兵，宁使自己一时为难，也要对士兵、百姓讲诚信。一次欺诈行为可能会解决暂时的危机，但是这背后所隐伏的灾患比危机本身更危险，对此，诸葛亮是深深了解的。

在商业活动中，欺诈的行为也许能为你获得一定的利益，但同时你也失去了他人对你的信任。没有信誉的人，在社会中难以立足，也不会有人愿意和你共同合作。

作为经商之本的信誉，就某一意义来讲，是一种无形的资产。从古至今凡是真正经商致富的人，都把信誉放在首位，信誉、诚实无欺一直被视为商业道德的重要内容和标志。

总之，诚实守信是青年人成大事的必备素质之一，要养成诚实守信的习惯——赢得人心之道。因为你对别人怎样，别人就会对你怎样！

第八章 把握住人生的机遇

人生 也需要不断改革

1. 机遇是成功的关键

  机遇对任何人都具有重要意义。法国作家拉罗什夫科曾说过这么一句话："仅仅天赋的某些巨大优势并不能造就英雄，还要有运气相伴。"

  一些成功的人在被问及他成功的原因时，总是难免会说："我之所以能成功，那都是机遇好。"虽然，这样的回答有谦虚的成分，但是，这也说明了机遇是一个人成功的重要因素。

  综观古今中外，很多人的成功都离不开机遇的眷顾。韩信之所以能成为一代名将，除了他能征善战外，更重要的是得到了萧何的认可和刘邦的重用；诸葛亮之所以名垂青史，除了他本身的才华外，更重要的是因为受到了刘备的赏识；儒勒·凡尔纳之所以能写出大家喜爱的作品，除了他的文学天赋，更重要的是因为他得到了一代文豪大仲马的指点。

  但是也有人认为，实力比机遇更重要。因为一个人如果没有实力，就算有机遇，也难以抓住机遇。这句话没错，但是试想一下：为什么有的人才华横溢，能力出众，却一直只能徘徊在贫困的边缘呢？而为什么有的人平平庸庸，却名利双收呢？原因就是前者缺乏机遇，后者有机遇的垂青。

  拿破仑说："卓越的才能，如果没有机会，就将失去价值。"的确，在现实生活中，有很多人因为缺乏机遇而碌碌无为。

  从前，洛阳有一个人总想做官，而一辈子都没遇到做官的机会。时光如流水，几十年弹指一挥间。这个人眼看着自己头发已白，年纪大了，不禁黯然神伤。一天，他走在路上，不禁痛哭起来。

  有人看见他这般模样，感到很奇怪，于是走上前问他："老丈，请问你为何如此伤心呢？"

  这个老人回答说："我求官一辈子，却始终没有遇到过一次机会。眼看自己

第八章
把握住人生的机遇

已这样老了，依然是一身布衣，再也不可能有做官的机会，所以我伤心痛哭。"

问他的人又说："那么多求官的人都得到了官，你为什么却一次机会也没遇上呢？"

这个老人回答说："我年轻时学的是文史，当我在这方面学有所成时出来求官，正好遇上君主偏爱任用有经验的老年人。我等了好多年，一直等到喜好任用老年人的君主去世后又出来求官，谁知继位的君主却是个喜爱武士的人，我又一次怀才不遇。于是，我改变主意，弃文学武。等我学武有成时，那个重视武艺的君主也去世了。现在继位的是一位年轻的君主，他喜欢提拔年轻人做官，而我，如今早已不年轻了。我的几十年光阴转瞬即逝，一辈子生不逢时，没有遇到一次做官的机会，这难道不是十分可悲的事吗？"说罢，他又哭起来了。

当然，机遇是成功的关键，并不是说机遇是成功的第一条件，成功还离不开实力等因素。但是，对于具备一定能力的人来说，机遇可以让其在人生道路上少走弯路，迅速找到成功的捷径。

在2000多年前，国王高宾洛二世给了金匠一块纯金，要他做一顶王冠。王冠制成后，重量与国王的那块黄金完全相同。可是国王仍不放心，于是要阿基米德检验王冠中是否掺有其他金属。

这可是一个难题，阿基米德虽然是著名的数学家，但是王冠的形状十分复杂，用几何学的方法算不出它的体积来。他成天冥思苦想，可就是不得要领。

有一天他去洗澡，人坐在盛水的澡盆里，水溢出来的现象一下子触动了阿基米德，他顿时醒悟：盆里溢出来的水的体积，不就是自己的身体浸在水里的那一部分体积吗？

顿时，阿基米德欣喜若狂。他猛地从水澡盆里站起来，跑出澡堂在大街上狂叫："我发现了！我发现了！"

跑到王宫后，他把王冠同等量的纯金先后放进盛满水的盆子里，比较两盆溢出来的水量。结果，纯金排出的水少，而王冠排出的水多。于是阿基米德断定：王冠是掺了假的，因为金子的比重大，在重量相同的情况下体积比较小。当掺了别的金属后，比重减轻，体积增大，排出的水就多了。

国王的怀疑被证实了，金匠不得不承认偷了金子。这样，阿基米德不仅揭开了金冠之谜，还由此发现了著名的浮力定律。

总而言之，机遇是成功的种子。但是，机遇往往不易察觉，需要人去识别、去寻找；机遇大多可遇不可求，需要人去创造；机遇容易稍纵即逝，需要人及时把握。

知识链接

阿基米德

阿基米德（前287—前212），古希腊伟大的哲学家、百科全书式科学家、数学家、物理学家、力学家，静态力学和流体静力学的奠基人，并且享有"力学之父"的美称。阿基米德和高斯、牛顿三人一同被称为世界三大数学家。阿基米德曾说过："给我一个支点，我就能撬起整个地球。"

阿基米德确立了静力学和流体静力学的基本原理。他提出许多求几何图形重心的学说，包括由一个抛物线和其平行线所围成图形的重心的方法。他证明物体在液体中所受的浮力等于它所排开液体的重量，这一发现被称为"阿基米德原理"。

2. 生活并不缺少机遇

常有人发如此感慨："如果给我一个机会，我也能……"他们把自己的命运系在一个等来的机会上，他们当然总也不会成功，他们可能至今仍在抱怨自己的命运。

第八章
把握住人生的机遇

罗丹说："生活并不是缺少美，而是缺少发现美的眼睛。"同样，生活并不缺少机遇，而是缺少发现机遇、抓住机遇的素质。如果有了很高的素质，自己也能创造机遇。

一家英国鞋厂和另一家美国鞋厂，各派了一名推销员到太平洋的一个岛屿去做推销工作。上岛后，他们各自给鞋厂发回一封信，英国推销员那封信是："这座岛上的人不穿鞋，明天我就搭头班飞机回来。"另一封信是："棒极了，这个岛上的人都还没穿上鞋子，潜力很大，我将常驻此岛。"面对同样的状况，一个看到的是"失望"，一个看到的是"机遇"。可见，素质不高的人就是机遇摆在面前也不知道，而素质高的人却能发现别人看不到的机遇。

美国曾经掀起淘金热潮。淘金生活异常艰苦，最痛苦的是没有水喝，人们一面寻找金矿，一面不停地抱怨。

甲嘀咕："谁让我喝一壶凉水，我情愿给他一块金币。"

乙宣布："谁让我痛饮一顿，龟孙子才不给他两块金币！"

丙发誓："老子出三块金币！"

在这种抱怨声中，亚默尔发现了机遇——如果将水卖给这些人喝，比挖金矿更能赚到钱。于是他毅然放弃淘金，将水运到山谷，一壶一壶卖给找金矿的人。一起淘金的伙伴们都纷纷嘲笑他"不挖金子发大财，却干这种蝇头小利的买卖"。后来，那些淘金的人大多空手而回，很多人甚至忍饥挨饿、流落异乡，而亚默尔却在很短的时间内靠卖水发了大财。

亚默尔发财的机遇并不是上帝赐给他一个人的：淘金者都深感没水喝的痛苦，人人都听到了那一片抱怨声，可是他们根本没有意识到这是机遇，甚至还嘲笑亚默尔的做法。生活中类似的事情还有很多，人们往往从表面上探寻成功的原因，归之于条件，归之于机遇，而实际上起决定作用的是人的素质。亚默尔正是具有其他淘金者所没有的敏锐的洞察机遇的素质，决定了他能够发现、得到别人得不到的机遇。

大家都看过关于泰森打擂咬耳丑闻的报道，许多人看过后就算了，最多把它作为茶余饭后的谈资而已，谁能意识到这就是个发财的良机呢？而美国的一个巧克力商人在"咬耳丑闻"发生之后，赶紧推出了一种形状像耳朵的巧克力，上面缺了一个小角，象征着被泰森狠咬的那只著名的霍利菲尔德的耳朵，巧克力包装

人生 也需要不断改革

上还有霍利菲尔德的大照。此举立刻使这个牌子的巧克力备受世人关注,在诸多品牌的巧克力中脱颖而出。这个巧克力商人就这样一举发了大财。泰森咬耳丑闻,全世界十几亿甚至几十亿人都知道,但是发现这个发财良机的却只有这个美国商人。

抓住机遇,首先必须发现机遇。生活中处处充满机遇。社会上的每一项活动,报刊上的每一篇文章,人际中的每一次交往,生活中的每一次转折,工作上的每一次得失等,都可能给你带来新的感受、新的信息、新的朋友,都可能是一次选择,一次机遇,一次引导你走向成功的契机,问题在于你自身的素质,在于你是否能发现每一次机遇。不要以为机遇难寻,其实机遇就在我们的身边,甚至就在我们的手上。

也许你会问机遇究竟是什么?实质上机遇是一种有利的环境因素,让有限的资源,发挥无穷的作用,借此更有效地创造利益。具体地说,在特定的时空下,各方面因素配合恰当,产生有利的条件;谁最先利用这些有利条件,运用手上的人力、物力,从事投资,谁就能更快、更容易获得更大的成功,赚取更多的财富。这些有利条件便是机遇。

现在,停止抱怨,仔细看看你周围到底有没有机遇。

3. 机遇只偏爱有准备的头脑

机遇只偏爱有准备的头脑。这里的准备包括知识的准备和勇气的准备,在某些时候后者更为重要。譬如求职面试时,因为知识和才能一般人之间并无太大的差别,你毕竟不是天下第一的奇才而不过是芸芸众生中的一个求职者,知识水平

第八章
把握住人生的机遇

往往要在工作中、在长期的实践中才能体现出来,而勇气则是你求职时必不可少的东西,强不强,首先就看你有没有勇气了。下面一个女孩的自述很有说服力和代表性。

"我现在从事的这个各方面都不错的工作,细细想来,本应是属于另外一个女孩的。

"那年,我在连续几次高考落榜的情况下,只好进了一所民办女子中学教书。教学之余,我一直不停地苦苦寻觅,希望能找到一个更适合自己的去处。

"然而,由于我刚刚从闭塞的乡村独自闯进小城,没有亲友,没有'关系';而报纸上众多的招聘广告,每每也令我这个高中毕业生望而却步。当时,同我一起在那所民办女子中学共事的还有一位女孩,是某名牌大学中文系毕业生。她由于在机关工作得不太顺心,一气之下辞职出来,之后又没有合适的去处,后悔得不行,只好屈就做一名临时教书匠。

"一次,县劳动局人才交流中心的两个人来找她,要她交纳档案代管费(她的个人档案由交流中心代管)。闲谈之间,其中一位姓郭的向她提到,有一家大公司需要一名办公室主任,让她去试试。但是她却说:'没有熟人,这怎么能成呢?'之后,这个话题他们就一带而过了。

"而我当时就在苦苦寻觅各种可能的机会,听了他们这番话之后,心里不禁一动:'我何不去试试?'

"下班之后,我问几个要好的朋友:'你们说,这件事到底有没有希望?''这事即便有希望,那也只有百分之一的希望,甚至千分之一的希望。''百分之一的希望就等于没有希望。'

"第二天,我起得很早,天还没亮。人才交流中心那位同志的话,不经意间又在我耳边响起……我忽然觉得自己应该去试试,只当一次演习好了。何况,我心里也觉得希望就是希望,无所谓百分之一、千分之一。

"主意一定,我马上找出各种可以证明我能力的东西:发表在报刊上的文章、获奖证书、报社的优秀通讯员证书等。我决定无论成与不成,都应该去试试。

"现在,我知道该怎么去做了。我所能够努力的、能够发挥的,是这件事的过程,没有'过程'而去谈'结果',无疑是空谈。我很详细地排好了这个'过程'的许多细节：先给公司的总经理写了一封自荐信；两天后，在他收到信的时候，我又打去了电话……

"终于，我与公司总经理见面了。他不但亲自接待了我，而且还很详细地看了我带去的资料，问了我的情况。他还说：'像你这样自己上门来自荐担任这样重要职位的，没有规定的学历和资历，而且又是个农村青年，这在我们这个小城是不多见的。'

"停了一会儿，他又说：'我还得与公司其他领导成员商量一下，不过现在基本是可以定下来的，我看你下周一就来上班吧。'

"如今，我已成为两个驻沪机构的负责人，连同我的朋友一起从浙西小城进入了大上海，开拓着事业的新天地。

"一个本来属于别人的机遇，别人不经意地放弃了，而我却如获至宝地紧握在手中，并努力地将它实现，这是我人生的一大收获，其意义已远远地超出了事件的本身。在我之后的人生中，每每遇到艰难曲折之时，它都会化出一股神奇的力量，支撑着我一步一步地去实现自己的目标。"

机遇和运气只偏爱那些有知识准备和勇气头脑的人。有勇气，才敢于做别人不敢做的事，甚至创造出惊人之举。

4. 机会可贵，自信也不可少

机遇来临时，是最需要表现自我的时候，口才会助你一臂之力。现在，在几乎所有的竞争性录用中都加了面试这一项内容。面试的内容非常广泛，但说到底口才是最为重要的，得体而不俗的谈话不仅折射出一个人的思想内涵，而且还会弥补某些不足，从而在众人之中脱颖而出。有些时候，面试的成功决定了一个人一生的命运，成为其事业成败的转折点。许多人就是凭着其出色的面试表现，击败对手，由一位不为人知的普通人变成了家喻户晓的成功人士。

第八章
把握住人生的机遇

当今社会是一个竞争的社会、商业的社会,别去定义和评价它的优劣曲直,还是尽快地投入和适应它吧。一位年轻的学生讲了自己的切身体会。

"作为学生,我最害怕在课堂上回答问题,而且我发现周围的同学也和我一样。每次上课的时候,当教授提问时,我们总是习惯把头低下去,生怕教授的眼光扫到自己。

"一次外语课上,一位来自商业银行的专家做讲演。做讲演的人总是希望有人配合自己,于是他问教室内有多少学经济的同学,可是没有一个人响应。但我知道,我们当中很多人包括我自己都是学经济的,可是出于怕被提问的原因,大家都沉默着。专家苦笑了一下,说:'我先暂停一下,讲个故事给你们听。

'我刚到美国读书的时候,大学里经常有讲座,每次都是请华尔街或跨国公司的高级管理人员来讲演。每次开讲前,我都发现一个有趣的现象,我周围的同学总是拿一张硬纸,中间对折一下,用极其醒目的颜色写上自己的名字,然后放在座位上。于是当讲演者需要听者响应时,他就可以直接看名字叫人。

'我不解,便问前面的同学。他笑着告诉我,讲演的人都是一流的人物,他们就意味着机会。当你的回答令其满意或者吃惊时,很有可能就暗示着会给你提供更多的机会。这是一个很简单的道理。

'事实也如此,我确实看到我周围的几个同学因为出色的见解得以到一流的公司供职。这件事对我影响很大,机会不会自动找到你,你必须不断醒目地亮出你自己,吸引别人的关注才有可能寻找到机会。我发现中国学生在这方面实在是不令人满意,他们太过含蓄或者说是怯懦,他们不习惯让别人看到自己,或许这样你会过得很轻松,但是你绝不会得到更大的成功。我想你们中的每个人都有凌云壮志,但是你的第一步必须是找到赏识你的人,这对沉默的人是非

人生 也需要不断改革

常困难的。'

"他的话结束后,有人笑了,有人不屑一顾。但是我明显看到更多的同学举起了手或做一些暗示:我可以回答。"

我们每个人都是一种有限的存在,都只是茫茫人海中的一粟,有很多事情是我们所无法决定的。我们无法选择我们的出身、我们的国家、我们的环境、我们的领导、我们的同事,我们也不知什么时候、什么地方会有人提携我们或阻碍我们,但是有一点我们可以做主可以选择,那就是我们对待生活的态度,我们可以不断地奋进,努力提高自己。成功之路说一千道一万,最为根本的就是这一条这一点。除了你自己谁也不能代替你拯救你,同样,除了你自己谁也不能打垮你战胜你。命运真正的主人就是你自己。外因固然不能否认、不能放弃,但外因也只有通过内因才能起作用。一个十分重视内因的人是不会放过任何有利因素的,反之,对自己都没有信心,自己也没有什么才能,机会再多又有什么用处呢?能怪得着运气老人不光顾你吗?人生中,最大之忌就是自己的怯懦无能,这也是古今中外无数事实证明了的真理!

5. 机会靠努力获得

德国大哲学家费希特年轻时,曾去拜访大名鼎鼎的康德,想向他讨教。不料康德对他很冷漠,拒绝了他。

费希特失去了一次机会,但他未受到影响,并不灰心,也不怨天尤人,而是从自己身上找原因,心想:我没有成果,两手空空,人家当然怕打搅了!我为什么不拿出成果来呢?

于是他埋头苦学,完成了一篇《天启的批判》的论文,呈献给康德,并附上一封信。信中说:"我是为了拜见自己最崇拜的大哲学家而来的,但仔细一想,对本身是否有这种资格都未审慎考虑,感到万分抱歉。虽然我也可以索求其他名

第八章
把握住人生的机遇

人函介,但我决心毛遂自荐,这篇论文就是我自己的介绍信。"

康德细读了费希特的论文,不禁拍案叫绝。他为其才华和独特的求学方式所震动,便决定"录取"他,并亲笔写一封热情洋溢的回信,邀请费希特来一起探讨哲理。

由此,费希特获得了成功的机会,后来成为德国著名的教育家和哲学家。

一谈到小泽征尔先生,大家都知道,他堪称是全日本足以向世界夸耀的国际大音乐家、名指挥家,然而,他之所以能够建立今天名指挥家的地位,乃是参加贝桑松国际音乐会的"国际指挥比赛"产生的。

在这之前,他不只与世界无关,即使在日本,也是名不见经传。因为他的才华没有表现出来,不为人所知。

他决心参加贝桑松的音乐比赛,来个一鸣惊人。克服了重重困难,他终于充满信心地来到欧洲。但一到当地,就有莫大的难关在等待他。

他到达欧洲之后,首先要办的是参加音乐比赛的手续。但不知为什么,他的证件竟然不够齐全,不为音乐节执行委员会正式受理。这么一来,他就无法参加期待已久的音乐节了!

一般说到音乐家,多半性格是内向而不爱出风头的,所以,绝大多数的人在遇到这种状况时,必是就此放弃。但他却不同,他不但不打算放弃,还尽全力积极争取。

首先,他来到日本大使馆,说明事情的原委,然后请求帮助。可是,日本大使馆无法解决这个问题,正在束手无策时,他突然想起朋友过去告诉他的事。"对了!美国大使馆有音乐部,凡是喜欢音乐的人,都可以参加。"他立刻赶到美国大使馆。这里的负责人,名为卡莎夫人,过去她曾在纽约的某乐团担任小提琴手。他将事情的本末向她说明,拼命拜托对方,想办法让他参加音乐比赛,但她面有难色地表示:"虽然我也是音乐家出身,但美国大使馆不得越权干预音乐节的问题。"

她的理由很明白。但他仍执拗地恳求她。表情原本僵硬的她,逐渐浮现笑容。

思考了一会儿,卡莎夫人问了他一个问题:"你是个优秀的音乐家吗?还是个不怎么优秀的音乐家?"

他毫不犹豫地回答:"当然,我自认是个优秀的音乐家,我是说将来可能……"

人生 也需要不断改革

　　他这几句充满自信的话，让卡莎夫人的手立时伸向电话。她联络贝桑松国际音乐会的执行委员会，拜托他们准许小泽征尔参加音乐比赛。结果，执行委员会回答，两周后做最后决定，请他们等待答复。此时，小泽征尔心中便有一丝希望，心想，若是还不行，就只好放弃了。

　　两个星期后，小泽征尔收到美国大使馆的答复，告知他已获准参加音乐比赛。这表示，小泽征尔可以正式地参加贝桑松国际音乐指挥比赛了！

　　参加比赛的人，总共60位，他很顺利地通过了预选，进入正式决赛。此时他严肃地想："好吧！既然我差一点就被逐出比赛，现在就算不拿奖也无所谓了！不过，为了不让自己后悔，我一定要努力。"

　　后来他终于获得了冠军。就这样，通过不断的努力，他建立了世界大指挥家不可动摇的地位。

　　为了参加音乐节，小泽征尔很有耐心地奔走于日本大使馆、美国大使馆，尽了最大的努力，如此才能为他招来好运——获得贝桑松国际指挥比赛冠军、成为享誉国际的名指挥家，建立起在音乐界的地位。

　　费希特得以成为大教育家，小泽征尔得以成为大指挥家，这难得的机会是哪里来的呢？

　　一言以蔽之，是他们从来不因别人误解而不平，不因人生艰难而不平，而是励精图治，尽情展现自己的才华，自己努力争取机会。如此心态，如此勇气，总会有机会光临，总会有伯乐赏识，只不过在时间上有早晚，在形式上有所不同罢了。

　　传说上帝造物之初，本打算让猫与老虎一道做百兽之王的。上帝为考察它们

第八章
把握住人生的机遇

的才能,放出了几只老鼠,老虎全力以赴,很干脆地将老鼠捉住吃掉了。猫却认为这是大材小用,上帝小看了自己,心中不平,于是很不用心,捉住了老鼠再放开,玩弄了半天才把老鼠杀死。考察的结果是上帝认为猫太无能,不可做兽王,就让它身躯变小,专捉老鼠。而虎能全力以赴,做事认真,可以去统治山林,做百兽之王。

这则寓言告诉我们,人生不如意的事十有八九,不必因不平而泄气,也不必因挫折而烦恼,只要自己不断努力,相信成功的机会总会有的。

知识链接

小泽征尔

小泽征尔,日本人,生于1935年,早年师从卡拉扬,曾经在美国纽约交响乐团做指挥大师伯恩斯坦的助手。

2015年7月,现任波士顿交响乐团音乐总监的日本指挥家小泽征尔荣获肯尼迪中心荣誉大奖,成为1978年该奖项创立以来首位日本获奖者。

2016年2月,小泽征尔获得美国音乐届最高荣誉格莱美大奖,成为日籍获奖的第九人。

小泽征尔与印度指挥家祖宾·梅塔和新加坡指挥家朱晖一起被誉为世界三大东方指挥家。

6. 善于利用偶然性的机遇

美国著名的盖普洛国际咨询中心曾连续 20 年追踪一些成功者的行踪，在以此为基础推出的成功者要素分析报告中，善于抓住机遇列在成功要素的第一位。

成功者须能抓住稍纵即逝的机遇，因为机遇的到来是偶然的；成功者更要抓住带有普遍意义的机遇，在别人对机遇反应迟钝时善于捷足先登，抢占先机。

也许机遇对于成功者的重要性不需要笔者赘述，因为经常可以听到人们评论一个人的成功时一言以蔽之：那是他的机遇和运气好。这话也不无道理。但是，机遇是什么？怎样才能抓住机遇？为什么在机遇到来时有人轻易放过去，而有人借此成功了呢？这里面有没有规律可循呢？

从某种意义上讲，机遇就是导致成功的前提条件，它的产生可以是偶然的，但更多时候是社会发展过程中各种因素相互作用而产生的必然结果。这样一来，机遇就有内在的规律可循。在把握机遇上，成功者有三种方式：有的人几乎是无意识地抓住了偶然的机遇而成功；有的人顺应了机遇的规律而成功；更有的人主动去创造机遇，从而开创了全新的领域，并在新领域中功成名就。

不轻易放过并善于利用偶然性的机遇，因为机遇的到来有时是很偶然的。

7. 如何能获得幸运女神的垂青

在激烈的社会竞争中，机会极其宝贵。一旦失去，难以复来。机会的存在，具有时间限制，并不会永远不动地等在那里。有的机会存在的时间很短，犹如白驹过隙，稍纵即逝。为此，必须及时抓住，即刻行动，不能耽搁，不能迟疑。弗兰西斯·培根说过："机会先把前额的头发给你抓而你不抓以后，就要把秃头给你抓了；或者至少它先把瓶子的把儿给你拿，如果你不拿，它就要把瓶子滚圆的身子给你，而那是很难捉住的。在起始时善用时机，再没有比这种智慧更大的了。"

社会竞争，强手如云，人才济济。当机会到来时，很可能许多人同时发现，几个竞争对手一同向一个目标进击。这是力量的角逐，智慧的竞赛，更是速度的较量。究竟鹿归谁手，很大程度上取决于速度。因为，在方向、条件不变的前提下，速度与力量成正比，势速则难御。流水之所以能漂石，在速度；飞鸟之所以能捕杀鼠兔，也在速度，有速度就有优势。

1982年，美国政府取消了电话电报公司的专利权，允许私人随便购买电话机。在此之前，美国政府规定，电话机只能由美国电话电报公司出租，不能销售，私人购买电话机是违法行为。旧规定的取消，使美国8000万个家庭及其他公私机构，成了电话机的潜在买主。香港厂商听说美国电话机市场突然兴旺，闻风而动，将原来生产收音机、电子表的厂子快速转产，生产电话机，迅速扑向美国电话机市场，结果出师大捷。与香港厂商同时发现这一机会的，不止一家，但它们行动较慢，被香港厂商捷足先登，失去了主动权。

在科学的发展过程中，也有许多类似的例子。社会实践的发展，不断提出需要解决的新课题，从而提供了科学工作者发明创造、成名成家的机遇。在机遇的诱使下，很可能有许多人一同研究一个题目，但究竟哪一个夺得桂冠，则要看彼此的速度。最先拿出成果，最先获得社会承认的人，就是胜利者，而那些慢慢腾腾、行动迟缓的人，只能望人项背，自叹不如。

现代社会生活一反四平八稳、平安无事的古老格局，以快节奏、多变化为特点。每个人都在增加力量，提高速度。"时间就是金钱，效率就是生命"，已经成为时代的基调。为此，在竞争中，要想立于不败之地，就不能踱着方步，慢条斯理，而必须加快速度，快速出击，先发制人，以快取胜，使竞争对手防不胜防，难以应付。机遇存在的时间很短，犹如白驹过隙，稍纵即逝。对待机遇，一要"注视"，二要"速行"。只有这样，你才永远是个幸运女神的光顾者。

8. 在噩梦中寻找机会

机遇人人都很向往，但机遇又各有特点，极难把握。机遇各种各样，但有一点是共同的，就是在你想不到、没准备的时候它来到了。机遇有正面的有负面的，有自己争来的有别人送来的，有早的有晚的，有针对众人的有只对一人的……

那天所发生的一切，对冯威来说都是一场标准的噩梦，他就像是被命运系在了一个高速旋转的陀螺上，然后在不知所措的情况下被巨大的离心力甩到了一个无从着力的黑暗所在。他说，上帝之手曾经帮助马拉多纳登上成功的巅峰，却把他推向了失败的深渊。

那是在《法学概论》的考场上，离交卷时间还有43分钟，冯威已经完成了所有的题目，又浏览了一遍试卷后，准备交卷了。这是一门公共课，要求不高，考前老师圈了范围和重点，只要背一背就行了。这次考得还不错，他边想边站起身来，就在这时，事情发生了。

事后他根本想不起来自己当时做了什么，有人说，他站起身的一刹那，伸长脖子看到前面同学的卷子，坐下来改正了一个答案；有人说，他根本没改答案，只是愣了一下神，看了一下自己的试卷；也有人说，他坐下来修改了两个答案。反正改没改答案等并不是事情的关键，最大的不幸是，这短短几秒钟时间所发生

第八章
把握住人生的机遇

的事，恰恰被教务处一位巡视员从教室大门的窗玻璃上看个正着。不幸之中的不幸是：这种事发生在这年的初夏时节，凡是那个时间段在校园里参加考试的人无不对当时戒备森严的气氛留有深刻的印象。可怜的冯威正撞在枪口上，无论怎样解释与求情都无法动摇教务处杀一儆百的决心。于是按照学校的最新规定，冯威被取消了学位，这对于刚刚迈入大学校园还不足一年的他来说，真不啻是一个晴天霹雳！余下的三年还有什么意义吗？他已经被剥夺了继续生活的希望！

他今后该怎么办？他要向何处去？他彷徨、苦闷，甚而痛苦至极。他毕竟还年轻，在生活的航道上，一个小小的浪花刹那间就将他吞没了。开始他甚至无法面对旁人惊异的目光和芜杂的议论，只好躲在帘子里通宵达旦地读书。一学期飞快地消逝，他以优异的成绩名列全班第一。但又有什么用？即便他今后三年都取得第一名的成绩，又有什么用呢？他不能够申请奖学金，来自边远省区的他似乎从大学一年级就注定了要回家的命运。他试图报考研究生，并精心开始做准备。但万万没有想到的是，当他向老师说出自己的想法时，老师无奈地告诉他，像他这样的人是没有报考资格的，连考场都进不去！

他支持不住了，他感到已经没有勇气去面对命运的一连串打击。

又是一个不眠之夜，冯威点燃一根香烟——在苦闷中，他学会了吸烟——在忽明忽暗的火光中，在漆黑静寂的黑夜里，一个声音从远处由弱渐强地飘进他的耳鼓："你为什么不到国外去读书呢？"

这个天外之音从此改变了一切，"山重水复疑无路，柳暗花明又一村"。在命运的接踵打击下，这个微弱的声音不啻是他人生乐章中的最强音。一刹那间，心灵的巨大震撼使他再也无法平静地躺在床上，他激动地走出宿舍，在满天的星光中他看到了生命的希望之火。他仿佛又听到两千年前那位圣哲所发出的滚滚惊雷："天将降大任于斯人也，必先苦其心志、劳其筋骨、饿其体肤、空乏其身，

147

行拂乱其所为,所以动心忍性……"于是,他不再理会旁人鄙夷的、怜悯的、不屑的、嘲讽的、讥笑的、同情的目光,全身心地投入到实现希望的运作之中。

当他以优异的成绩拿到大洋彼岸杜克大学的录取通知书时,他稍微感到一阵轻松,是心灵卸去重负的一种快乐。当波音飞机挟着巨大的轰鸣呼啸冲上蓝天的时候,他坐在舒适的座椅上,闭上双眼,他仿佛又看到了那个万籁俱寂的夜里闪闪的星光,他仿佛又听到了那个神秘的声音在他的耳边轻轻地说:"我的孩子,只要你热爱生活,生命永远都有希望。"

有首歌词中说"阳光总在风雨后",用到这里,就可以说,"机会就在噩梦中"。只要热爱生活,生活永远都有希望。

第九章 学会选择

人生 也需要不断改革

1. 什么样的选择决定什么样的生活

　　人的一生，只有一件事不能由自己选择——自己的出身。其他的一切，皆是由自己选择而来。

　　人生不过是一连串选择的过程，从你早上起来要穿哪一套衣服出门开始，你在选择；中午要去哪里吃饭，你又在选择；女孩子有众多的追求者，在考虑结婚的时候，到底哪一位男士比较适合自己，要选择；男生找工作时要从多家企业中选择。以上我所说的选择有大有小，但每日、每月所有的选择累积起来影响了你人生的结果。

　　一个选择对了，又一个选择对了，不断地做出正确的选择，到最后便产生了成功的结果。一个选择错了，又一个选择错了，不断地做出错误的选择，到最后便产生了失败的结果。若想有一个成功的人生，我们必须降低错误选择的几率，减少做错误选择的风险。这就必须预先明确你人生中想要的结果是什么？明确你人生想要的结果是什么——这本身又是一个选择。

　　什么样的选择决定什么样的生活。今天的生活是由三年前我们的选择决定的，而今天我们的选择将决定我们三年后的生活。我们要选择接触最新的信息，了解最新的趋势，从而更好地创造自己的未来。要知道，我们的人生只有三天，昨天、今天、明天。你的今天是你的昨天决定的，你的明天将由你的今天来决定。

　　昨天的日子，我们过得太正常了。我们和大部分人一样，过着正常的、没有追求的生活。因为太正常了，心态一直是消极的、失败的。大部分人只要有一只饭碗在手里，哪怕是一只破碗、泥碗，哪怕碗里只有一口粥、一口汤，我们都舍不得、也没有勇气把它扔掉。因为我们依赖于在习惯的环境里过日子。人在习惯中死亡，在不习惯中生存！

　　我们每个人的生活圈子是个小世界，在我们生活的小圈子里，你总会发现，

第九章
学会选择

为什么有些人不管大事小事,他们总是比较容易获得成功。他们挣更多的钱,过高品质的生活,有健康的身体和良好的人际关系。而更多的人忙忙碌碌,却只能维持生计。他们的差别究竟在哪里呢?

不是智力上的差别,人在智力上是有差别,但是差别很小,智力超常和智力低下的都占极少数,不到3%。不是学历上的差别,学历只是对书本知识的一种认可,与成功没有直接关系。情况往往是,书本知识学得越好的人,越喜欢给别人打工。

有什么样的选择就会得到什么样的结果。有选择就有改变。每个人都有自己的缺点和优点,短处和长处。只有经过不断的学习和改变,才能使自己变成一个出色的、专业的人员。改变从自身开始,不要试图改变别人,在改变的过程中,我们第一个要战胜的就是我们自己。改掉坏习惯,养成好习惯,这是一个至关重要的问题。

在你的人生中,因为没有做出正确的选择,你曾经错失过多少获得成功的机会?如果你可以洞悉未来,你愿意付出什么代价?如果你能够预见未来,你又能否把握机会?有什么股票你应该卖却没有卖?有什么商品你应该买却没有买?有什么机会你应该把握而又错失?你一生中又能遇到多少机会呢?这个时代可能是你最后的机会,你要格外留神。

2. 选择不对，努力白费

常常有人诉苦：我很努力地做了，但是幸运之神总是不眷顾我，我不得不生活在平庸之中。

是的，也许你真的足够努力了。但你应该想一想，为什么幸运之神总是不青睐你？是不是你选择努力的方向错了？

南辕北辙的故事相信大家都知道，一开始就选择了一个错误的方向，你越努力则会离目标越远——除非你能绕地球走一圈——可能吗？

古人说："差之毫厘，谬以千里。"开始的路一定要选对。

我们许多人都很努力，或曾经努力过，可是为什么大多数的人只能过很平淡的生活呢？为什么直到今天，我们很多人依然两手空空？很简单，一开始的选择出现了偏差。

有一个非常勤奋的青年，很想在各个方面都比身边的人强。经过多年的努力，仍然没有长进，他很苦恼，就向智者请教。

智者叫来正在砍柴的三个弟子，嘱咐说："你们带这位施主到五里山，打一担自己认为最满意的柴火。"

年轻人和三个弟子沿着门前湍急的江水，直奔五里山。

等到他们返回时，智者正在原地迎接他们。年轻人满头大汗地扛着两捆柴，蹒跚而来；两个弟子一前一后，前面的弟子用扁担左右各担四捆柴，后面的弟子轻松地跟着。

正在这时，从江面飞来一个木筏，载着小弟子和八捆柴火，停在智者的面前。

年轻人和两个先到的弟子，你看看我，我看看你，沉默不语。智者见状，问："怎么啦，你们对自己的表现不满意？"

"大师，让我们再砍一次吧。"那个年轻人请求说，"我一开始砍了六捆，

152

第九章 学会选择

扛到半路,就扛不动了,扔了两捆;又走了一会儿,还是压得没劲儿了,又扔掉两捆;最后,我就把这两捆扛了回来。可是,大师,我已经努力了。"

"我们和他恰恰相反,"大弟子说,"刚开始,我俩各砍两捆,将四捆柴一前一后挂在扁担上,跟着这位施主走。我和师弟轮换担柴,不但不觉得累,反倒觉得很轻松。最后,又把施主丢弃的柴挑了回来。"

用木筏的小弟子抢过话,说:"我的个子矮,力气小,别说两捆,就是一捆,那么远的路也挑不回来,所以,我选择走水路……"

智者用赞赏的目光看着弟子们,微微颔首,然后走到年轻人面前,拍着他的肩膀,语重心长地说:"一个人要走自己的路,本身没有错,让别人说,也没有错,关键是走的路是否正确。年轻人,你要永远记住:选择比努力更重要。"

现在社会竞争越来越激烈,当然,很多的年轻人是意气风发地进入一个行业里,想干出一番事业来。可是他们很多人都忽略了一点,他们很看好的行业或者公司,是否真的适合自己发展呢?他们往往只知道去努力地为自己的理想而奋斗,却没有发现他们的所作所为其实已经令他们离自己的理想越来越远了。就像上面的故事中所说的那样,年轻人非常拼命地去完成师父交代的任务,可是结果却不尽如人意。大徒弟和二徒弟用了一个很好的方法来完成,最终他们的结果比年轻人好得多,而且也省力得多。而小徒弟更厉害,他知道自己的体力根本不适合做那样的工作,于是他选择了一个很好的工具去完成,当然,他的成果比其他人都要好。

这个故事说明了什么问题呢?大家都为共同的目标而奋斗,可是他们所选择的方法和工具不同,得到的结果是完全不同的。年轻人不管多努力,不管他再去试几次,如果他不改变自己的工作方法的话,他就永远不可能获得满意的结果。选择大于努力,大家牢牢记住吧!

成功没有捷径。如果一定要说有,那就是:正确的选择。

人生 也需要不断改革

3. 勇敢地选择最重要

　　美国人巴士卡利亚小时候，人们常常告诫他，一旦选错行，梦想就不会成真，并告诉他，他永远不可能上大学，劝他把眼光放在比较实际的目标上。但是，他没有放弃自己的梦想，不但上了大学，还拿到了博士学位。当他决定抛弃已有的一份优越的工作去环游世界时，人们说他最终会为此后悔，并且拿不到终身教职。但是，他还是上了路。结果，回来后他不但找到了一份更好的工作，还拿到了终身教职。当他在南加州大学开办"爱的课程"时，人们警告他，他会被当做疯子。但是，他觉得这门课很重要，还是开了课。结果，这门课改变了他的一生。他不但在大学中教"爱的课程"，还到广播电台和电视台举办"爱的讲座"，受到美国公众的欢迎，成为家喻户晓的"爱的使者"。他说："每件值得做的事都是一次冒险。怕输就错失游戏的意义。冒险当然会有带来痛苦的可能，可是从来不会去冒险的空虚感更痛苦。"

　　事实上，无论我们选择试还是不试，时间总会过去。不试，什么也没有；试，虽然有风险，但总比空虚度过丰富，总会有收获的。这里有一个让我们能鼓起勇气来试一试的思维方式，即：可能发生的最坏的事情是什么？

　　柯先生在北京市一家政府机关里有一个舒适的职位，但是他想当自己的老板，到深圳经营自己的小生意。他问自己：如果失败了，最坏的事情是什么呢？他想到了倾家荡产。然后他继续问自己同样的问题：倾家荡产后最坏的事情是什么？答案是他不得不干任何他能得到的工作。之后，最坏的事情可能是他又厌恶这种工作，因为他不喜欢受雇于别人。最终，他会再找一条路子去经营自己的生意，而这一次，有了上一次失败的教训，他懂得了如何避免失败而努力使自己成功。这样想过之后，他采取了行动，去经营自己的生意，并真的获得了成功。他总结说："你的生活不是试跑，也不是正式比赛前的准备运动。生活就是生活，不要

第九章
学会选择

让生活因为你的不负责任而白白流逝。要记住，你所有的岁月最终都会过去的，只有做出正确的选择，你才配说你已经活过了这些岁月。""艰苦的选择，如同艰苦的实践一样，会使你全力以赴，会使你有力量。躲避和随波逐流是很有诱惑力，但是有一天回首往事，你可能意识到：随波逐流也是一种选择——但绝不是最好的一种。"

只有当我们选择尝试时，我们才能不断发现自己的潜力，从而找到最适合自己的事业。

站在人生的十字路口，莫犹豫，莫彷徨，勇敢地选择，执着地追求，就算结果不那么美妙，至少你拥有充实的人生，从而无怨无悔！

人生就如一道彩虹，如此绚丽，却又如此短暂。在有限的时间里，选择自己喜欢的生活是最重要的。

4. 选择小事成就大业

无论大事小事，关键在于你的选择，只要选择对了，你的小事也就成了大事。

在我们的印象中，擦鞋绝对是一个难登大雅之堂的职业，如果有人以此终生为业，那他一定不会有多大的出息。实际上呢？我们却想错了，一个名叫源太郎的日本人，就是凭借擦鞋，从而成就了自己辉煌的人生。

多年前，身为化工厂工人的源太郎失业了。一个偶然的机会，他从一位美国军官那里学会了擦鞋，他很快就迷上了这种工作，只要听说哪里有好的擦鞋匠，他就千方百计地赶去请教、虚心学习。

日子一天天地过去了，源太郎的技艺越来越精湛。他的擦鞋方法别具一格：不用鞋刷，而用木棉布绕在右手食指和中指上代替，鞋油也自行调制。那些早已失去光泽的旧皮鞋，经他匠心独运的一番擦拭，无不焕然一新，光可鉴人，而且光泽持久，可保持一周以上。更绝的是，凭着高深的职业素养，源太郎与人擦肩

人生也需要不断改革

而过时，便能知道对方穿何种鞋；从鞋的磨损部位和程度，他可以说出这人的健康和生活习惯。他的精湛技艺，打动了东京一家名叫"凯比特东急"的四星级饭店，他们将源太郎请到饭店，为饭店的顾客擦鞋。

令人惊讶的是，自从源太郎来到"凯比特东急"之后，演艺界的各路明星一到东京便非"凯比特东急"不住，一向苛刻挑剔的明星们对此情有独钟的原因非常简单，就是享受一下该店擦鞋的"五星级服务"。当他们穿着焕然一新的皮鞋翩然而去时，他们的心里深深地记下了源太郎的名字。

源太郎炉火纯青的技术、一丝不苟的精神和他不同一般的工作成果，为他赢得了众多顾客的青睐。他的老主顾不只是来自东京、京都、北海道，甚至还有中国香港、新加坡等地。在他简朴的工作室内，堆满了发往各地的速寄纸箱。如今的源太郎，早已成为"凯比特东急"的一块金字招牌。

源太郎的努力，为他自己创造出一份辉煌的业绩。事实上，只要我们用心去做，哪一件小事不能成就大业呢？

5. 正确选择在于懂得放弃

没有放弃，就无所谓选择。大多数人为选择而苦恼的本质，都是源于不懂放弃、不甘放弃。当一个出国进修的机会与一份优越的工作摆在你面前时，与其说你不知道如何选择，不如说你不懂得放弃。一个人选择得当，是因为其放弃适宜而已。

人生苦短，要想获得越多，就得放弃越多。那些什么都不放弃的人，是不可能获得他们想要的东西的，其结果必然是对自己生命最大的浪费，让自己的一生永远处于碌碌无为之中。

有位记者曾经采访过一位事业上颇为成功的女士，请教她成功的秘诀，她的回答是——放弃。她用亲身经历对此作了最具体生动的诠释。为了获得事业成功，她放弃了很多很多：优裕的城市生活、舒适的工作环境、数不清的假日、身体健康乃至生命安全。

有时，当提议朋友们一起聚会或集体旅游时，我们常常会听到类似的抱怨："唉，有时间时没钱，有钱时又没有时间。"其实，人生是不存在一种很完美的状态的，你只能在目前的情况与条件下做出你自己的决定。选择不能拖欠，当你想着等待更好的条件时，也许你已经错过了选择的机会。

该放弃时一定要放弃，不放下你手中的东西，你又怎么会拿起另外的东西呢？

天道吝啬，造物主不会让一个人把所有的好事都占全。鱼与熊掌不可兼得，有所得必有所失。从这个意义上说，任何获得都是以放弃为代价的。人生苦短，要想获得越多，自然就必须放弃越多。不懂得放弃的人往往不幸。曾听朋友说起过他们单位的一个女人的故事，其人年逾不惑仍待字闺中。不是她不想结婚，也不是她条件不好，错过幸福的原因恰恰在于她想获得太多的幸福，或者说，她什么也不肯放弃：对于平平者她不屑一顾；有才无貌者她也看不上眼；等到才貌双全了，地位低微又使她的自尊心、虚荣心受到极大的刺痛……

每一次默默的放弃，放弃某个心仪已久却无缘分的朋友，放弃某种投入却无收获的事，放弃某种心灵的期望，放弃某种思想，这时就会生出一种伤感，然而这种伤感并不妨碍我们去重新开始，在新的时空内将音乐重听一遍，将故事再说一遍！因为这是一种自然的告别与放弃，它富有超脱精神，因而伤感得美丽！

曾经有种感觉，想让它成为永远。过了许多年，才发现它已渐渐消逝了。后来悟出：原来握在手里的不一定就是我们真正拥有的，我们所拥有的也不一定就是我们真正铭刻在心的。继而明白人生很多时候需要一种宁静的关照和自觉的放弃。

世间有太多美好的事物，美好的人。对没有拥有的美好，我们一直在苦苦地向往与追求。为了获得，忙忙碌碌，可真正的所需所想往往要在经历许多年后才会明白，甚至穷尽一生知所终！而对已经拥有的美好，我们又因为经常有得而复失的经历而存在一份忐忑与担心，夕阳易逝的叹息，花开花落的烦恼，人生本是不快乐的。因为拥有的时候，我们也许正在失去，而放弃的时候，我们也许又在重新获得。对万事万物，我们都不可能有绝对的把握。如果刻意去追逐与拥有，就很难走出外物继而走出自己，人生那种不由自主的悲哀与伤感会更加沉重。

所以生命需要升华出安静超脱的精神。明白的人懂得放弃，真情的人懂得牺牲，幸福的人懂得超脱。当若干年后我们知道自己所喜爱的人仍好好地生活，我们会更加心满意足。"我不是因你而来到这个世界，却是因为你而更加眷恋这个世界。如果能和你在一起，我会对这个世界满怀感激，如果不能和你在一起，我会默默地走开，却仍然不会失掉对这个世界的爱和感激——感激上天让我与你相遇与你别离，完成上帝所创造的一首诗！"生命给了我们无尽的悲哀，也给了我们永远的答案。于是，安然一份放弃，固守一份超脱！

知识链接

罗纳德·里根

罗纳德·威尔逊·里根（1911—2004），生于美国伊利诺伊州坦皮科城。美国杰出的右翼政治家，曾担任第33任加利福尼亚州州长，第40任（第49-50届）美国总统（1981-1989年）。他也是一名伟大的演讲家。

6. 做选择前先给自己一些自信

虽说每个人的外表都长得差不多，两个眼睛一个嘴巴，可是人的内心状态却有很大的差别。

一个人在选择面前的决断力之高低，除了一些原则性的掌握和技巧性的运用外，还需要充足的信心。一个人如果对自己没有信心，就算有做出好决定的技巧，也是无济于事；或是别人随便说一句风凉话，就把自己原来的决定完全否定掉。

里根是一个演员，却立志要当总统。从22-54岁，罗纳德·里根从电台体育播音员到好莱坞电影明星，整个青年到中年的岁月都处在文艺圈内，对于从政完全是陌生的，更没有什么经验可谈。这一现实，几乎成为里根涉足政坛的一大拦路虎。然而，当机会来临，共和党内的保守派和一些富豪竭力怂恿他竞选加州州长时，里根毅然决定放弃大半辈子赖以为生的影视职业，选择了开辟人生的新领域。

当然，信心毕竟只是一种自我激励的精神力量，若离开了自己所具有的条件，信心也就失去了依托，难以变希望为现实。但凡想有所作为的人，都必须脚踏实地地从自己的脚下走出一条路来。正如里根要改变自己的生活道路，并非突发奇想，而是与他的知识、能力、经历、胆识分不开的。有两件事树立了里根角逐政界的信心。

一是当他受聘通用电气公司的电视节目主持人时，为办好这个遍布全美各地的大型联合企业的电视节目，客户要求通过电视宣传，改变普遍存在的生产情绪低落的状况。里根不得不用心安排，花大量时间巡回在各个分厂，同工人和管理人员广泛接触，这使得他有大量机会认识社会各界人士，全面了解社会的政治、经济情况。人们什么话都对他说，从工厂生产、职工收入、社会福利到政府与企业的关系、税收政策，等等。里根把这些话题吸收消化后，通过节目主持人身份反映出来，立刻引起了强烈的共鸣。为此，该公司一位董事长曾意味深长地对里根说："认真总结一下这方面的经验体会，为自己立下几条哲理，然后身体力行地去做，将来必有收获。"这番话无疑为里根弃影从政的信心埋下了种子。

二是发生在他加入共和党之后，为帮助保守派头目竞选议员募集资金，他利用演员的身份在电视上发表了一篇题为《可供选择的时代》的演讲。因其出色的表演才能，大获成功，演讲后立即募集了100万美元，以后又陆续收到不少捐款，总数达600万美元。《纽约时报》称之为美国竞选史上筹款最多的一篇演说。里根一夜之间成为共和党保守派心目中的代言人，引起了操纵政坛的幕后人物的注意。

这时候传来了更令人振奋的消息，里根在好莱坞的好友乔治·墨菲，这个地

人生 也需要不断改革

道的电影明星，与担任过肯尼迪和约翰逊总统新闻秘书的老牌政治家塞林格同时竞选加州议员。在政治实力悬殊的情况下，乔治·墨菲凭着38年的舞台银幕经验，唤起了早已熟悉他形象的老观众们的巨大热情，意外地大获全胜……原来，演员的经历，不但不是从政的障碍，而且如果运用得当，还会为争夺选票赢得民众发挥作用。里根发现了这一秘密，便首先从塑造形象上下功夫，充分利用自己的优势——五官端正、轮廓分明的好莱坞"典型美男子"的风度和魅力，还邀约了一批著名的影星、歌星、画家等艺术名流出来助阵，使共和党竞选活动别开生面，大放异彩，吸引了众多民众。

然而，这一切在里根的对手，多年来一直连任加州州长的老政治家布朗的眼中，却只不过是"二流戏子"的滑稽表演。他认为无论里根的外部形象怎样光辉，其政治形象毕竟还只是一个稚嫩的婴儿。于是他抓住这一点，以毫无政治工作经验为由对里根进行攻击。殊不知里根却顺水推舟，干脆扮演一个纯朴无华、诚实热心的"平民政治家"。里根固然没有从政的经历，但有从政经历的布朗恰恰才有更多的失误，给人留下了把柄，让里根得以辉煌。二者形象对照是如此鲜明，里根再一次越过了障碍。帮助他超越障碍的正是障碍本身——没有政治资本就是一笔最大的资本。因此，每个人一生的经历其实都是自己最宝贵的财富。不同的是，有的人只将经历视为实现未来目标的障碍，有的人则利用经历作为实现目标的法宝，里根无疑属于后者。

就在里根竭力竞选总统之时，曾与竞争对手卡特举行过一次长达几十分钟的电视辩论。面对摄像机，里根发挥淋漓尽致的表演，时而微笑，时而妙语连珠，

在亿万选民面前完全凭着当演员的本领，占尽了上风。相比之下，从政时间虽长，但缺少表演经历的卡特却显得相形见绌。

自信并非与生俱来。要想增强自己的自信心，可以通过以下五个方法。

（1）拥有成功的经历，是形成自信心最重要的条件

任何一个人，或多或少总有过让自己自豪及成功的经历，要善于从自己的成功中总结一些规律性的东西。心理学的研究证明：一个人内在的动力、抱负与其成功的经历是密切相连的，成功的经历越丰富、越深刻，他的期望就越高，抱负就越大，自信心也就越强。而对于缺乏自信心的人来说，最重要的是寻求成功的机会，并确保首次努力获得成功。

（2）客观正确的期望与评价，会形成一股强大的动力，加强人们的自信心

当期望较高的评价来自自己所喜欢或所崇敬的人时，一个人的自信心会上升到极大值。在这种情况下，一个心理成熟的人就会冷静地分析人们对自己的期望和评价是否有根据，是否客观合理，否则，就很容易出现盲目乐观的情绪，因为自信心和盲目性只有一步之差。

（3）正确地进行自我批评，有利于自信心的培养

每个人都会在自己前进的道路上设立一个又一个目标，近期目标的后面还会出现一个远期目标，每一个目标的设立都应建立在正确的自我评价基础之上。每个人都有自己的长处，也都有自己的短处，倘若你既能正确对待自己的长处，又能认清自己的不足，扬长避短，目标就会实现，自信心的培养也就进入良性循环。

人生也需要不断改革

（4）重视榜样的作用

一个人不管是自觉的还是不自觉的，事实上都在受周围人们的影响。为了增强自信心，你不妨在所熟悉的人中，找寻一个值得自己学习、仿效的榜样，设法赶上并超过他。

（5）用自我暗示增强自信

就像风一样，可以将一艘船吹向这边，也可以将另一艘船吹向那边；自我暗示既能让你成功，也会使你失败，就要看你怎样扬起这"自信之帆"。任何人只要懂得自我暗示的积极力量，就可获得自己想象中的最高成就。有首诗这样描写自我暗示的作用。

  如果你认为被击败了，

  那你必定会被击败。

  如果你想胜利但又认为不可能获胜，

  那么你就不可能得到胜利。

  如果你认为你会失败，

  那你就已经失败。

  因为在这个世界里，

  成功是从一个人的意志开始的，

  而意志则全靠精神。

  如果你自信能比别人优越，

  那么你就一定比别人优越。

  在你获得成功之前，

  你必须对自己有自信。

人生的搏斗并不是始终有利于较

强的一方,

但最终的胜利是属于自己认为有力量的人。

应该让自信伴随你生活的左右,充满于你的举手投足之间。生活中常常会遇到一些十字路口,而人性中普遍存在着冒险的"动力本能",在它正常发挥时,它能驱使我们充分信赖自己,并利用各种机会发挥自己的潜力。自信的人在选择时总能把潜能充分发挥出来;而那些害怕失败的人,总是面对自身的弱点而不能自拔。

我成功,因为我志在成功。

7. 选择须有主见

主见是人们对客观事物的决断。

做事不能没有主见,处事不能没有决断。盲目自信是固执,偏听偏信是糊涂。

正确的主见都是事物本质的反映,坚持主见就是坚持真理,就是坚持胜利,而真理总是被少数人发现,而被多数人所认同的。

在自然界当中,大黄蜂是一种十分有趣的动物。曾经有很多的生物学家、物理学家、社会行为学家联合起来研究这一生物。

根据生物学的观点,所有会飞的动物,其条件必然是体态轻盈、翅膀十分宽大。而大黄蜂这种生物却正好跟这个理论反其道而行之:大黄蜂的身躯十分笨重,而翅膀却是出奇地短小。依照生物学的理论来说,大黄蜂是绝对飞不起来的。

物理学家的论调是,大黄蜂的身体与翅膀比例的这种设计,从流体力学来看,同样是绝对没有飞行的可能。简单地说,大黄蜂这种生物是根本不可能飞起来的。可是,在大自然中,只要是正常的大黄蜂,没有一只是不能飞的。甚至于它飞行的速度并不比其他能飞的动物差。这种现象,仿佛是大自然和科学家们开了一个

人生 也需要不断改革

大玩笑。

最后，社会行为学家找到了这个问题的解答。答案很简单，那就是——大黄蜂根本不懂"生物学"与"流体力学"。每一只大黄蜂在它成熟之后，就很清楚地知道，它一定要飞起来去觅食，否则就必定会活生生地饿死！这正是大黄蜂之所以能够飞得那么好的奥秘。

不妨从另一个角度来设想，如果大黄蜂能够接受教育，学会了生物学的基本概念，而且也了解流体力学，根据这些学问，大黄蜂很清楚地知道自己的身体与翅膀设计完全不适合用来飞行。那么，学会告诉自己"不可能"会飞的大黄蜂，它还能够飞得起来吗？

或许，在过去的岁月当中，有许多人在无意间灌输给你许多"不可能"。我们应该完全抛开这些"不可能"，再一次明确地告诉自己：生命是永远充满希望与值得期望的。

赫尔岑是俄罗斯著名的思想家、文学家。有一次，他的一位朋友请他去参加一个音乐会。音乐会开始没多长时间，赫尔岑就用双手堵住耳朵，低着头，满是厌倦之色。不久，他竟打起瞌睡来。

第九章 学会选择

他的朋友看赫尔岑竟然打起了瞌睡，很是奇怪，就问他为什么。

赫尔岑摇了摇头，说："这种怪异、低级的乐曲有什么听头？"

"你说什么？"朋友大叫起来，"天啊！你说这音乐低级？你知不知道，这是现在社会上最流行的音乐！"

赫尔岑心平气和地问："难道流行的一定好吗？"

"那当然，不好的东西怎么会流行呢？"朋友反问。

"那按你的意思，流行性感冒也是好的！"赫尔岑微笑着回答。

朋友顿时哑口无言。

有时候，人常常会被一种习惯思维所左右。其实，对一件事情的不同解释，往往可以带来完全不同的两种选择。

最典型的是前几年流行的山地自行车。该车型适宜爬坡和崎岖不平的路面，在平坦的都市马路上却没什么优势。山地车骨架异常坚实沉重，车把僵硬别扭，转向笨拙迟缓，根本无法对都市复杂的交通做出灵巧的机变。一天折腾下来，腰酸背痛，加上尖锐刺耳的刹车声，真是一个中看不中用的东西。放着好端端的轻便车或跑车不骑，却要弄上一辆如此笨拙之物，好像一个人丢下良马，偏要骑那笨牛一样。时髦先生们头戴耳机，腰挎"随身听"，脚踩山地车，一身牛仔服，似乎自我感觉良好，其实却一塌糊涂，而这份潇洒背后的代价和感受，又会向谁去诉说呢？

但是，假如把时髦比喻成一座令人心旌摇荡的山峰，山地车的功能便昭然若揭了。追赶时尚，大约就像骑那山地车一样，即便累得半死，也是心甘情愿。究其根源："为什么这样？"必答曰："别人都这样！"

诗人爱默生说："大丈夫从不流俗。"他说的不是怪僻癫狂的人，而是坦然无畏坚持主见的人。这里列举一个独特的实验：一个女人在大街上行走，突然向一位不知情的路人大叫："救命！有人强暴！"而旁边另外安排两位乔扮的路人，对此呼救声不闻不问，依旧往前走去。这名被当做实验对象的不知情路人在听到呼救声时，所做的反应不是立刻上前去搭救，而是转头看旁边两人有何动静。当他看到的是一脸漠然时，也就无动于衷了。这种跟着大家走的群体现象说明：我们的信念往往有很大从众性，这正是妨碍一个人发展的心障。一个不能为自己做出独立选择的人，一生终将一事无成，一败涂地。

人生 也需要不断改革

　　行事要有主见，除了自我凝聚、甘于寂寞外，还需要极大的勇气。勇气是为智慧与才干开路的先导，是向高压与陈规挑战的利剑，是同权威和强手较量的能源。

　　1888年，法国巴黎科学院收到的征文中，有一篇论文被一致认为科学价值最高。这篇论文附有这样一句话："说自己知道的话，干自己应干的事，做自己想做的人！"这是在妇女备受歧视和奴役的19世纪，走入巴黎科学院大门的第一个女性，也是数学史上第一个女教授——38岁的俄国女数学家苏菲·柯瓦列夫斯卡娅的杰作。在众多的竞争对手面前，首先要突破的就是我们自身存有的旧观念。"走自己的路，让别人去说吧"这句至理名言鼓舞了众多敢向自己挑战的人，实现了自己的愿望，成为敢为人先的真正勇士。

　　正因为敢与习惯势力决裂，敢与多数人相悖，新的科研成果、新的应用技术才能层出不穷，才能取得创造性的成功，也吸引了多数人的关注，这是那些成功人士的共同特点。

　　最后，让我们来读一则颇有寓意的小寓言。

　　一群青蛙组织了一场攀爬比赛，比赛的终点是一个非常高的铁塔的塔顶，铁塔下站着一大群青蛙围观。

　　比赛开始了。围观的青蛙没有谁相信参加比赛的青蛙会到达塔顶，它们都在议论："这是办不到的，它们肯定到不了塔顶！"

　　听到鼓噪，一只接一只的青蛙开始泄气了，只剩一些情绪高涨的青蛙继续向上爬。

　　群蛙继续在高喊着："这是办不到的，没有谁能爬上塔顶的！"

　　越来越多的青蛙累坏了，纷纷退出了比赛；唯有一只，它费了很大的劲，终于成为唯一一只到达塔顶的胜利者。

　　当象征荣耀的花环戴在胜利者的头上时，所有的青蛙都想知道它是怎样选择坚持下去的。有一只青蛙跑过去问胜利者它哪来那么大的力气爬完全程，问了半天也没有任何反应，大家才明白：胜利的青蛙是个聋子！

　　走自己的路，让别人去说吧！

8. 让选择符合自身情况

我们在此谈到的让选择符合自身情况，其前提是在不违反法律、道德的基础上。每个人心中都有一把标尺，当我们在比较事物、权衡利害得失时，这把标尺是判定一切的标准。

虽然，我们心中的这把标尺是根据自身的需求而打造出来的，但是这把标尺有很多不合逻辑之处，甚至和现实背道而驰。所谓的现实逻辑就是现实世界中的各项事实及定律，像是酗酒和抽烟对身体不好，却有无数烟民与酒鬼乐此不疲；违法犯纪必定会受到法律的制裁，却不乏前仆后继的以身试法者等。

有时候，我们做决定时，除了自己是阻碍自我发展的因素外，外在的客观因素也是一大阻碍。最常见的现象，就是一个人下决定时所依据的标尺，竟然是用"别人的标尺"。这种做法等于是放弃自己选择人生的权利，在这种情况下所做出来的决定，不见得是符合自身情况的。

最常见的例子就是"和自己不喜欢的人结婚"。当事人在做决定时，可能以别人、父母亲友、社会或道德的标尺来作为判断依据，如此情况下所做的决定，很难是个好决定，是否符合自身的情况也很令人怀疑。因为只有你自己知道自己需要什么，只有你自己知道自己的增效点在哪里。

还有一个常见的情形便是高考后的选填志愿。本来读什么学校什么专业应该是由考生根据自己的兴趣和专

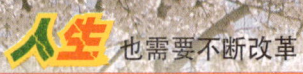
人生也需要不断改革

长来选择的，然而大部分的学生却会受到社会价值观、父母的期望等因素影响而做了错误的选择。常常听到学生因为兴趣不合所以念得很辛苦的例子。适应力强的人会继续念下去，也有人幸运地念出兴趣来了，但也有不少人浪费了宝贵的光阴。

如果当初能够以自己的兴趣为标尺，或许可以少走些冤枉路。与其花时间去适应没兴趣或不擅长的事物，还不如把精力放在自己喜欢的事情上，收获必定会更多，心情也会更自在开朗。不过，很多事可能要在你做了选择之后才会发现吧！

或许有人会觉得，发生这种情况也是不得已的，做决定的人有太多的苦衷和无奈，或许这种决定才是完美的决定，能够皆大欢喜。这种想法可说是大错特错，就像"世上没有不死的人"一样，世上也没有"完美的决定"。记住，你永远无法同时满足众人的要求，只有符合自身情况的决定，才是正确的决定。

你可以设定自己最好的人生罗盘，重点是，要能勇于面对各种人生的抉择，否则一再逃避之下，你所剩的就只是一辈子的悔恨和不甘。

第十章 及时审视自己

人生 也需要不断改革

1. 不知反省的人只会成为失败者

哈佛的一位名教授罗德里达说过:"一个真正成熟的人,是具有反省能力而又能诚实面对并加以正确改善的人。"

你一定听过"自讨苦吃""自找麻烦""自甘堕落""自暴自弃""自寻死路""自取灭亡""搬石头砸自己的脚""自作孽,不可活"等形容词,这些都是在描述一个人所犯的错误,结果把自己逼往失败的境地。

仔细想一想,包括我们在内的每一个人,一不小心好像难免都会犯一些错误,只不过是程度严重与否的问题。无怪乎有句话说"自己才是自己最大的敌人",因为,我们总是不断地用各种方法"迫害"自己。

其实,在我们每一个人的内心深处,多少都隐藏了一些"自毁"的倾向。这种内心情绪上的冲动,常常会驱使一个人做出危及自己的行为。譬如,有人整天唠唠叨叨,看什么事都不顺眼,动不动就抱怨这个抱怨那个,好像所有的人都做了对不起他的事;还有的人,生活漫无目标,整日无所事事,只嫉妒别人的成就,自怨自艾为什么好运永远不会落在自己的头上。

我们常常把失败的原因归咎于别人,但其实很多麻烦都是出在自己身上,很多麻烦都是自找的。每个人在先天性格上都有一些缺陷,只是我们不愿承认失败是出于自己的缺点,这种"不愿当输家"的防卫心理很容易让人理解。但是,如果我们对自己的缺点浑然不觉或者不知反省,结果就会把自己一步一步推向输家的角色。不知反省的人常有如下几种表现:

(1)活在自欺当中。这种人只知道站在过去,抱着以前的事、以前生活的方式不放,而没有心思注意眼前的事实。

(2)只有仰赖别人的掌声或者称赞,才能生存,为的只是克服内心深处的自卑感。

（3）马失前蹄。在压力愈大的时候，表现愈不理想，变得非常紧张，放不开。

（4）虎头蛇尾。做任何事从来不坚持到底，也不够专注，总是找借口减轻责任。

（5）轻诺背信。动不动就撒手走人，留下一个烂摊子让别人收拾残局。

（6）单打独斗。喜好做"独行侠"，一碰上团队合作就束手无策，心生抗拒。

（7）嫉妒心重。见不得别人比自己好，动不动就吃醋。

（8）自制力差。按捺不住内心的冲动，而且老是故态复萌。

（9）总是逃避。习惯当鸵鸟，不论大小问题，一概视若无睹，埋头不理。

（10）渴望别人喜爱，而且不计代价地处处讨好别人。

（11）恩将仇报。对有恩于自己的人不知感激，甚至反咬对方一口。

2. 用反省的镜子照照自己

影响了中国数千年，也是世界上最伟大的思想家之一的中国古代先哲孔子，曾说过一句伟大的名言："吾日三省吾身"。

卓越源自反省，自觉地自我反省的人，一定能够成为一个成功人士。

所谓"反省"，就是反过身来省察自己，检讨自己的言行，看自己犯了哪些错误，看有没有需要改进的地方。然而在人生的旅程中，由于我们受自身学识、阅历、性格等种种因素的局限和影响，在经历、处理和理解生活中的某种事物时，就不可避免地会陷入某些片面，乃至错误的行为方式之中，这势必会带来不良的结果。为此，"反省自己"就应该成为生活的一个重要组成部分。不断地检查自己行为中的不足，及时地反思自己失误之原因，才能不断地完善自我。

有道是"智者千虑，必有一失"。人生不可能尽善尽美，但人生应该努力地去塑造和追求完美。成功者之所以能够成功，往往表现在能正确地对待不足和失败，能够在反省中总结教训，改弦易辙。这就需要我们能够正确地面对自己的错误行为，并善于对所犯的错误进行反省，做到在反省中领悟人生的意蕴，思考问题的症结和缺陷之所在。只有这样，才能摆脱一定的局限，不断改正自己不合理的思维，改变和摒弃错误的行为方式。就生活而言，任何一个人都不可能对所有的事物有正确的认识，因而常常会由于错误的思维和错误的行为方式而导致事与愿违的不良结果，那么反省就必然成为人们直接面对的重要话题。人生的反省应该是多方面的，即凡是由于错误的行为方式而导致的负面影响，都值得我们进行深刻的反省，它涉及生活、工作、学习等方方面面。诸如，我们的学习为什么达不到良好的效果？我们的工作为什么会有缺陷？我们为什么进步不快？我们思考问题的角度究竟错在哪里？应该怎样改正我们所犯的错误？等等。

在反省中清醒，在反省中明辨，在反省中变得睿智。通过自我反省变成智者，才能顺利地走上人生的成功之路。

每天需要自我反省的问题很多，如诚实信用、处世交往、上下级关系、人生机遇、职务晋升、行为习惯、修身学习、身心保健、家庭关系和亲子教育等众多方面，都是我们反省的对象。

一位中国的先哲曾说："悟以往之不谏，知来者之犹可追。"如果你每天给自己留下一点时间，哪怕是短短的5分钟，对人生进行自我反省，那么你就一定能够享受到自我反省的诸多益处。相信它能够为你启迪智慧，开拓思路，打破常规，更新观念，使自己的人生不断完善，不断发展。

3. 反省什么，怎样反省

有很多人这样抱怨："我每天都在拼命地工作、工作，我一刻也没闲过，可如此努力为什么却是不能成功？"

正如成功多是内因起作用一样，失败也多是自己的缺点引起的。一个人必须懂得不断反省和总结自己，改正自己的缺点和错误才不会老在原处打转或再次被

第十章 及时审视自己

同一块石头绊倒;人只有通过"反省",时时检讨自己,才可以走出失败的怪圈,走向成功的彼岸。

所谓"反省",就是反过身来省察自己,检讨自己的言行,看自己犯了哪些错误,看有没有需要改进的地方。

人为什么要自省?这里有两个方面的原因,一个是主观原因,人都不可能十全十美,总有个性上的缺陷、智慧上的不足,而年轻人更缺乏社会历练,因此常会说错话、做错事、得罪人。另一个是客观原因。现实生活中,很多人是只说好话,看到你做错事、说错话、得罪人也故意不说,因此,这就更需要通过反省来了解自己的所作所为。

曾经有一个人很不满意自己的工作,他愤愤地对朋友说:"我的领导一点也不把我放在眼里,改天我要对他拍桌子,然后辞职不干。"

"你对那家贸易公司完全弄清楚了吗?对于他们做国际贸易的窍门完全搞通了吗?"他的朋友问。

"没有!"

"我建议你好好地把他们的一切贸易技巧、商业文书和公司组织完全搞通,甚至连怎么修理复印机的小故障都学会,然后辞职不干。"他的朋友建议,"你用他们的公司,当做免费学习的地方,什么东西都懂了之后,再一走了之,不是既出了气,又有许多收获吗?"

那人听从了朋友的建议,从此便默记偷学,甚至下班之后,还留在办公室研究写商业文书的方法。

一年之后,那位朋友偶然遇到他。

"你大概多半都学会了,可以准备拍桌子不干了吧?"

"可是我发现近半年来,

173

人生 也需要不断改革

老板对我刮目相看,最近更总是委以重任,又升职、又加薪,我已经成为公司的红人了!"

"这是我早就料到的。"他的朋友笑着说,"当初你的老板不重视你,是因为你的能力不足,却又不努力学习。而后你痛下苦功,进步神速,当然会令他对你刮目相看的。"

生活中,很多人失败之后怨天尤人,就是不在自己身上找原因。其实,一个人失败的原因是多方面的,只有从多方面入手找出失败的原因并有针对性地进行自省,才能起到纠错的作用。当然反省自己也要从多方面着眼:

(1)是不是骄傲自满;

(2)是否敢于向困难挑战;

(3)选定的目标是否合适;

(4)有没有尽可能地发掘潜力;

(5)会不会协作双赢;

(6)敢不敢打破"框框";

(7)是否注意处处提防陷阱。

类似以上的问题还有很多,需要我们不断地加以反省和总结。海涅说得好:"反省是一面镜子,它能将我们的错误清清楚楚地照出来,使我们有改正的机会。"

那么,怎样来反省自己呢?

首先,要以"自知"的镜子来反照自己。若要了解自己行为的得失,则必须用"自知"的镜子来自照。反省如同一面明镜,在反省的明镜中,自己的本来面目将显现无余。一个人不要眼睛总是盯着别人,主要的是要先认识自己,从反省中认识自己,从自知的镜子中了解自己的真面目。

其次,要有悔改的勇气。一个人有过错

第十章 及时审视自己

不要紧，只要能改过就好，如果有过错而不肯改这就是大过，真正的过错。有些人犯了错，却不肯承认，是因为他怕因此而失了面子。如果能够消除傲慢的习气，就会生出悔过自新的勇气来。时常反省自己的过失，发现了错误，就要及时改正，痛痛快快、切切实实地做事。比如，害了盲肠炎的病人，一定要把那段肠割掉，以除后患。一个人有了过失，也要用反省、忏悔的快刀把它切除。

今天有了过错，如果没有反省，明天还会照样犯。若能及时反省自己，知道犯错的缘由，随即改正过来，那么，以后就不会再犯或少犯类似的过错。

人对待错误的正确态度应该是及时从中吸取教训，总结经验，亡羊补牢，将功补过，而不是过多地自我责备。英国有句谚语——不要为打翻的牛奶而哭泣，意即：你去为已经无可挽留的损失而哭泣只会浪费你的好心情。聪明的人是会反省错误，之后吸取教训，然后坚毅地忘掉不幸，以更大的劲头、更热忱的心态去弥补损失，而不是过多地自责。

4. 别在批评与责备中放弃自省

当别人对自己的错误行为进行批评与责备时，自己唯一正确的态度是诚恳并爽快地承认，这不仅是获得别人原谅的最好方法，更有利于自身错误缺点的改正，从别人的批评教育中得到反省，从而使自己不断进步。

卡耐基常常带宙斯到他家附近的一座森林公园散步，宙斯是他养的一只小波士顿斗牛犬，它是一只友善而不伤人的小猎狗。因为在公园里很少碰到行人，卡耐基常常不给宙斯系狗链或戴口罩。

有一天，卡耐基和他的小狗在公园遇见一位骑马的警察，他好像迫不及待地要表现他的权威。"你为什么让你的狗跑来跑去，不给它系上链子或戴上口罩？"他斥责卡耐基，"难道你不知道这是违法的吗？"

"是的，我知道。"卡耐基回答，"不过我认为它不会在这儿咬人。"

人生 也需要不断改革

"你认为！法律是不管你怎么认为的。它可能在这里咬死松鼠，或咬伤小孩子。这次我不追究，但假如下回我再看到这只狗没有系上链子或戴上口罩在公园里，你就必须去跟法官解释啦。" 卡耐基客客气气地答应遵办。

可是宙斯不喜欢戴口罩，卡耐基也不喜欢它那样，因此决定碰碰运气。一天下午，他们在一座小山坡上赛跑，突然又碰到了一位警察。

卡耐基决定不等警察开口就先发制人。他说："警官先生，这下你当场逮到我了，我有罪。我没有托辞，没有借口了。上个星期有位警察警告过我，若是再带小狗出来而不给它戴口罩就要罚我。"

"好说，好说，"警察回答，"我知道在没有人的时候，谁都忍不住要带这么一条小狗出来玩玩。"

"的确是忍不住，"卡耐基回答，"但这是违法的。"

"像这样的小狗大概不会咬伤别人吧。"警察反而为他开脱。

"不，它可能会咬死松鼠。" 卡耐基说。

"你大概把事情看得太严重了。"他告诉卡耐基，"我们这么解决吧，你只要让它跑过小山，到我看不到的地方——事情就算了。"

卡耐基感叹地想，那位警察，也是一个人，他要的是一种重要人物的感觉，因此当他责怪自己的时候，唯一能增强他自尊心的方法，就是对他的批评表示出尊重。

卡耐基处理这种事的方法是，不和他发生正面交锋，承认他的批评绝对没错，自己绝对错了，并爽快地、坦白地、热诚地承认这点。因为站在他那边说话，他反而为对方说话，整个件事就在和谐的气氛中结束了。

事实告诉我们，即使傻瓜也会为自己的错误辩护，但能承认自己错误、对别人的批评能虚心接受并反省自己的人，就会获得他人的尊重，自己同时也会不断提高。如我们是对的，就要说服别人同意；若我们错了，在别人批评自己时，就应很快地承认。

5. 利用伟人的力量在反省中不断完善自己

一个人的品格力量往往会激发别人的品格力量。它会产生共鸣，这是人类之间发生影响的重要媒介之一。一个充满激情、精力充沛的人会不知不觉地带动周围的人。这种样板是极具感染力的，会迫使他人去效仿，会产生一种活力，通过每一根神经来传导兴奋，最后使他们释放出火花。这就是伟人的力量！

传记作家斯坦尼在谈到阿诺德博士对年轻人所产生的这种影响时说："震撼他们心灵的、使他们如此狂热地崇拜的不是他的真正的天才、渊博的学识，及雄辩的口才，而是一种让人产生共鸣的活力，它来自于在生活中正在发生作用的一种精神——这种作用是健康的、持久的，它不断发生作用是由于人们对神的敬畏——这种作用根源于一种深深的责任感和价值感。"

由于伟大人物所产生的这种力量，会唤醒人们的勇敢、激情和忠诚。通过伟人的力量不断激励自我反省自身，更是一个人奋发向上不断进取的外在动力，从而鞭策自己不断走向成功。

一个好的榜样能影响一大批人。榜样就是一颗颗火星，一旦把这些火星遍布人间，这些星星之火就会形成燎原之势。塞缪尔·杜威就曾承认是在读了本杰明·富兰克林的动人传记之后，才形成他的生活习惯，尤其是商业习惯。我们应该读最好的书，效法最好的榜样，不断地完善自己。

作家路德·杜德利曾说过："在文学上，我总是只与我认为很不错的老朋友交往，我的朋友是经过我长期选择的。和我的朋友们在一起，我变得越来越崇高，创作的愿望也愈来愈强烈。我总能从我的朋友那儿得到'益处'，十之八九都是这样。朋友们不在的时候，我把以前读过的书温习一遍、几遍，这样所得到的收获远比读一本新书来得快、来得多。"

人生 也需要不断改革

6. 从错误中学习

在漫长的人生道路上，期望自己事业成功，仅有从学校学到的知识是远远不够的，你还必须具备社会生活的智慧。生活是最严厉的老师，与学校书本教育的方式完全不同。大多数人由于不知道从错误中悟出道理，所以只是一味地逃避错误。他们却不知道，这种行为本身已铸成大错。还有一些人犯了错误却没能从中吸取教训。这些都是为什么有如此多的人总是循环往复地犯着自己以前曾经犯过的错误，他们会一而再、再而三地犯错，就是因为他们不知道如何从错误中吸取教训。在学校，你可能会因为没犯错误而被认为是聪明的学生；而在生活中，你的智慧恰恰是因为你犯过错误，并且能从中吸取教训。如果一个人真正从所犯的错误中吸取了教训，那么他的生活就会发生改变。他获得的就不仅仅是经验，而是智慧了。

错误本身并不可怕，可怕的是错得没有价值。一个人虽然犯了点小错误，但如果他能总结失败的教训，知道自己为什么失败，并不再犯更大的甚至是致命的错误，则错误对他来说比成功的经验还重要。

有人曾经根据能否有效利用错误的价值把人分为四类。第一类人不能从失败中吸取教训，总是犯相同的错误。这样的人不可救药。第二类人虽然能够从错误中吸取教训，不犯相同的错误，但由于不能从失败中发现规律性的东西，所以总是犯不同的错误。这样的人也难以救药。第三类人能够总结自身错误的教训和规律，算得上是聪明人。但由于只能从自身的失败中进行总结，所以虽然不犯自身相同的错误，但总是犯别人犯过的错误。这类人比第二类人又高出一筹。第四类人既不犯自己犯过的错误，又不犯别人犯过的错误，凡是别人的经验，也成为他的经验；凡是别人的教训，也成为他的教训。只有第四类人才是最善于利用失败价值的。

第十章
及时审视自己

人在成功的时候，总是认为自己是高明的，而很少归结为运气；而出错时，却总是以运气不佳为借口，害怕承认错误、分析错误，以致故态复萌，再犯同样的错误。殊不知，错误本身都有其可以借鉴的价值，而只有那些善于从失败中总结经验教训，不怨天尤人的人才能避免重复犯错。

"一个人受骗两次就该毁灭"，一个真正明智的人绝不应该重复犯同类的错误。的确，犯错不可怕，只要不犯相同的错误就是一种进步。

通用汽车公司的总经理斯隆就这样说过："人生本来便是一种充满试验和错误的过程，那些一生从来没有犯过错误的人，必定也是一生毫无成就的人。"

西北铁路公司的希尔先生对马尔可逊先生说："一点也没有犯过错误的人不是一个笨蛋，就是一个懦夫。我曾经做过许多错事，将来恐怕还会做许多错事，但是每次我总能从错误中学到一点东西。"

我们应将生活中的其他不利因素当做修正方向、再度瞄准目标的工具，仅此而已。

百年哈佛的人生哲学，所总结的从错误中学习的方法是：

（1）诚恳而客观地审视周遭情势。不要归咎别人，而应反求诸己。

（2）分析失败的过程和原因。重拟计划，采取必要措施，以求改正。

（3）在重作尝试之前，想象自己圆满地处理工作或妥善地应付客户的情景。

（4）把足以打击自信心的失败记忆一一埋藏起来。它们现在已经变成你未来成功的肥料了。

（5）重新出发。

一个希望从错误中学习并期待成功的人，可能必须反复实践以上步骤，然后才能如愿达成目标。重要的是每尝试一次，你就能够增加一次收获，并向目标更前进

人生 也需要不断改革

一步。

每个人都不希望出错，并害怕出错，自小师长便教导人们犯错是不好的事，会使自己失去亲朋的疼爱。这种教育常常使人们不能正确对待错误，不能接受对错误的批评。这很不利于纠正错误，更不利于从错误中学习。

当我们受到批评时，不必感到失望、不平或愤怒，而应把精力用来制订一项明确的计划，以平息批评，重新起步。与有关的人共同研究你的计划，不要浪费时间和精力彼此抱怨，应该共同努力，解决问题。

有时候我们又太勇于自责了。我们会说"这都是我的错""我什么事都做不好"。如果真是我们的错，自责倒也无妨，但明明不是我们的错而强要自责，便有危险。喜欢自责的人内心常有"我是笨蛋，我是失败者"的想法。这么一来，下次又会犯同样的错误，或是误信自己的确是笨蛋，而根本不再尝试了。奇怪的是，我们的确能安于失败。不动脑筋的自怜要比绞尽脑汁分析自己，筹思下次如何成功来得容易多了。

7. 把挫折看做一次经验的积累

生活中难免遇到挫折。一个人在遭受某些挫折打击的时候，是会格外消沉的。在那一段时间里，他会觉得自己像个拳击失败的选手，被那重重的一拳挥倒在地上，头昏眼花，满耳都是观众的嘲笑，满心都是失败的感觉。在那个时候，他会觉得自己简直太丢人了，觉得自己实在没有力气爬起来了。

但是，只要我们心中还有希望，还有生活的勇气，还有梦想，我们就会爬起来。不管是在裁判数到十之前，还是之后。而且，随着体力的恢复，我们的创伤会平复，眼睛会再度张开来，看见光明前途。心态平和的人始终会这样认为：绕远走错路的结果，使你恰好迷路走入深山，别人为你所处的危险情况焦急惋惜之际，你却采集了一些珍奇的花果，观赏到了一些罕见的奇观，而且你多认了一段路，多锻炼出了一份坚强和胆量。

人生的挫折将使我们长知识，我们会淡忘他人的嘲笑，忘掉失败的耻辱，会为自己找一条合适的路——不再去做挨拳头的选手。

坚强能够把挫折当做挑战，把挫折化为自己锐意进取、执着向前的动力。从某种角度来说，失败尚且能够转化为成功，何况随时随处都可能发生的那些一时一事的挫折呢？在遇到挫折时，我们往往很快就会放弃努力，不再坚持尝试，而且我们不再努力的理由通常是不充足的。比如说"这是不可能的"，或者说"我无法改变自己"，其实，我们是能够改变的。

日本一家著名企业在一次高级管理人才的公开招聘中，发生了这样一件事情：有一个平素成绩优异，对未来充满自信的大学毕业生，因为未被录取而自杀了。

三天后，招聘结束了。当企业负责人查询电脑整理资料时，竟意外地发现，那个自杀的应聘者其实是成绩最好的，只是由于电脑的失误，才导致他落榜。

这的确是一件令人深深为之惋惜的不幸事件。而更令人深思的，还是那位企

人生也需要不断改革

业负责人在真相大白后说的一段话："我为电脑操作失误深表歉疚，为这位大学生的不幸感到惋惜。但从企业发展的角度，我却感谢这次事件和这场特殊的考试。我为我的公司庆幸。"

他的话不无道理。不能对待挫折的人无法胜任许多正常的工作，不能战胜挫折的人绝不可能成为事业上的成功者。

每一个人，甚至在最平常的日常生活中，都会遭遇各种各样的挫折，有的挫折是短暂的，有的却是长时间的；有的比较严重，也有的则较轻微。人们遇到挫折时的反应也各不相同。有的人会向挫折挑战，百折不挠地去克服挫折；另一些人却往往萎靡不振，甚至精神崩溃。

不同的态度，不同的反应，其实就是个体之间挫折容忍力的差异。

我们不应把挫折视为一种打击或被挫折所打败，而是应该把挫折看做一次经验的积累，不怕挫折。当然，不怕挫折，并不意味着必须盯着同一件事蛮干下去，找到走不通的路对我们的成功也是非常有帮助的。我们既然不适于在擂台上取胜，就该沉下心去找一找，找到一个其他的方向，也许在那里，我们就可以取胜；或者不说取胜，我们可以平安，可以快乐，可以没有失败的羞辱。

让我们把挫折写在日记上吧，这是我们人生不可多得的财富。正是有了这些宝贵的财富，我们才会有新的勇气和力量去为自己开拓新的前程。一帆风顺固然值得羡慕，但那天赐的幸运不可多得，可遇而不可求。唯一稳当可靠的是自己心中的指南针。无论你绕了多远，无论你被阻挡得多么严密，只要你不忘记你的方向，你就有走到自己目标的那一天。

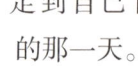

8. 找出失败的原因并引以为戒

干任何一项事业有时都可能会失败。诚然，避免失败的唯一办法是绝不追求成功，宁可安分守己。但是你其实可以从失败中吸取教训，找出纰漏所在，设法纠正，那么，你就会有扭转乾坤的力量。

贝格大概是20世纪最杰出的剧作家了，但就连他那样成功的人，也会说："我觉得失败是家常便饭，在失败的恶劣空气中深呼吸，精神会为之一振。"

细心检讨挫折的因果很重要。你一定要正视失败，以免重蹈覆辙。哈佛大学的一位心理学教授对许多事业上受过重大挫折而屹立不倒的人进行总结后发现，找到失败的原因并引以为戒是其共同的特征。而人们最普遍的失败原因有六点，不管你是企业行政人员还是一般人，你都可能发现自己遭受过同样的挫折，问题是我们能否针对这些原因加以改进。

（1）处世无方

因为处世无方而失败的人，多半会归咎"办公室权术"害了他们，但所谓权术，说不定只是正常的人际关系而已。如果弄不好"办公室权术"，其实很可能是不懂得怎么和别人相处。你可能单靠精明能干暂时混得不错，但大多数事情都由你唱独角戏。你可能有很高深的学术知识，却仍然缺乏社会知识——耐心倾听、推己及人、批语中肯而又能接受批评的能力。社会知识高的人肯承认错误，甘受责备，他们懂得怎样博取整体支持。

不会处世对你来说，无论干什么都可能败事有余，成事不足。相反，只要你精于处世之道，则犯了严重错误也没事。许多能力平庸的管理人员，都能安然渡过公司的人事大变动。原因就在于他们和人交往时，通情达理，讨人喜欢；一旦有错，支持他们的人总会帮他们补过。事实上，犯了一次错之后，如果老板觉得他们以练达负责的态度来处理这次错误，说不定他们的事业反而会更上一层楼。

人生 也需要不断改革

处世之道是后天养成的技巧，可以越练越精，就像有礼貌一样，处世之道也是可以学的。

（2）入错了行

你可能说不上是完全失败。你可能只是选错了行业，在不适合自己的职业岗位上，你会承受配合不当之累，而无法发挥自己的全部才能。而成功有赖于才干、兴趣、个性、风格和价值观念配合你的工作。

（3）不能投入

一位不太成功的律师曾直言不讳地说："我的确没有追求到我的理想。"其实这也不足为怪，他从来就没有认真尝试，以免招致失败。只要他不投入，不下定决心，他就总可以对自己说："我反正并不那么重视这件事。"

这名律师在一家有名望的法律学院毕业后，加入了美国西岸一家大商行，希望在娱乐事业部门学得专长。可是不知为何，结果是事与愿违。于是他说："我采取了不冷不热的做事态度，不违逆资深股东，又不真的去做好工作。"

他搬到东岸，加入了一家律师事务所。6个月之后，上头示意请他辞职，因为他显得没有朝气蓬勃的干劲。他说："我才不在乎呢。反正我本来就不喜欢这家律师事务所。"

现在，他执业专做娱乐事业方面的法律事务，但始终不满意。他说："不瞒你说，这是小生意。"

妄自菲薄是失败的主因。如果想立志做一件事，甚至希望成功，你就一定要相信自己做得到。雇主寻求这种自信品质，不下于寻求雇员的任何其他资格。不看重自己的人，就算说话句句得体，语调往往还是带着疑问。

（4）目标太散

有些人做的事情很多，结果没有一件做得精。

有一位房产商人，居然记不清自己手头到底有多少宗交易。他先是做一座建筑物的生意，接着增加到两座，后来房产业务更大了，又不断扩展到别的业务。他回忆说："刺激得很，我在试验自己的极限。"

有一天，银行来了通知，说他扩张过度，冒了太大风险，并停止给他信贷。于是这位房产商人盲目扩张以至于失败了。

起初他怨天尤人，埋怨银行，埋怨经济环境，埋怨职员。可是伟大的自省给了他重新崛起的力量。最后他说："我明白我没有量力而为——欲速则不达。"

答案是重定目标，找出他最拿手的生意——发展地产。他等了好几年，终于又慢慢振作了起来。如今，他又是一位成功的商人，做事也更有分寸了。

有自知之明，分轻重缓急，失败了要善于找原因，组织好生意活动，这些都是成功之道。

（5）无形障碍

人们往往用年龄歧视、性别歧视、种族歧视做失败的借口，但更多时候，这些确是真正的失败原因。

纽约有一位雕塑家，她的作品在一家著名美术馆展出多年。后来这家美术馆的老板过世，美术馆也关了门。

这位40多岁的女雕塑家发现别的美术馆都不要她的作品，大为诧异。最后，一位美术品商人解释了问题所在，他说："你的年纪太大了。"她简直不敢相信自己的耳朵，不过他继续解释说，美术厅要的是能够让批评家去"发现"的新秀，不然就要那些作品售价最高的成名大师。她的年龄不大不小，价钱又不高不低。

她听了很不高兴，但还是记在了心里。她从此不再漫无目的地去找出名的艺术品代理商，却开始自己推销作品，结果非常成功。

其实，克服无形障碍十分困难。越来越多的人在遇到障碍之后，就转移目标，这样很不好，即使是人生失意时，守株待兔总是比没有目标强。然而，你必须深刻分析自己存在的问题，然后重新制订人生确实可行的目标，开创新生活。

（6）运气不好

有的时候，一些无可奈何的事情会发生。有一天，你发现最高管理阶层人事大变动，一位陌生人做了你的上司。这位陌生人要聘用他自己的班子，你被挤走或者被革职了。

你该怎么办呢？第一，事情既然发生了，千万不要自怨自艾。第二，切记你总有别的选择，虽然有些出路并不太明显。

汤玛士本来是位美国战斗机驾驶员，脱离空军后，在费城入了保险行业。8年过去了，公司老早答应给他升职，然而却一直没有下文。他辞职不干了。他的下一个职位是一家较小保险公司的经理。过了9年，他却被开除了。

有一段时间，他试着做财务顾问生意，但由于资金不足，很快就关门了。他

人生也需要不断改革

说:"我那时已47岁,经济十分拮据,真是走投无路,我觉得自己是个失败者。"

汤玛士的太太是位天主教徒,天天向天主祈祷。"每天早上我都到教堂祷告,祈求时来运转。有一天,我重重复复听到3个字,我觉得前一年去世的婆婆要告诉我什么事情似的。那3个字是'做芥末'。"她家有一份俄国传来的做芥末的食谱,每年圣诞节,汤玛士夫妇就做这种芥末送给亲友。

太太告诉汤玛士说,她相信他妈妈吩咐他们试一试做点新事业。起初汤玛士以为太太疯了,但细心一想,这起码是一个值得考虑的主意。他说:"我拗不过你和我的妈妈,我们做吧。"他找当地卖乳酪的店主商量。店主尝过芥末后,向汤玛士夫妇买下了整批货品。

现在,几乎全美各地都在售卖他们制作的芥末。

机缘、巧合、灵机一闪或者冥冥中的声音——谁能肯定主意是怎么来的呢?在别无他法的时候,我们大家都可以听听心灵深处的声音。也许有什么好主意正在那儿酝酿呢。

机会飘忽不定,你最初所向往的目标可能半途又更改了。但是,只要你能想清楚失败的关键原因,只要你想到自己是个永远有选择余地的人,就算是得到了价值无穷的教训了。